내 목소리를
좋아하게 됐다고
말해줄래

내 목소리를
좋아하게 됐다고
말해줄래

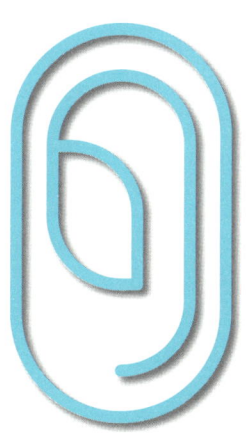

이
상
협

지
음

이 책은 방일영문화재단의 지원을 받아
저술·출판되었습니다.

추천의 글

우리는 늘 말을 하면서 살지만 목소리에 대해서는 크게 신경 쓰지 않는다. 그저 운명적으로 타고났다고 생각하기 때문일 것이다. 더군다나 우리 모두는 거의 자신의 목소리를 안 좋다고 여기면서 산다. 녹음된 목소리 앞에서 쪼그라들지 않는 사람은 본 적이 없다.

여기 우리의 목에 대한 상세하고도 친절한 안내서 한 권이 세상의 빛을 보기 위해 준비하고 있다. 세상에나 '발'도 아니고 '목'이라니.

목소리를 어떻게 사용하고 관리하시나요? 같은 목소리 사용법. 붙여서 읽나요, 당겨서 읽나요? 처럼 하나도 안 중요하지만 정말 중요한 것에 대한 환기. 어디에 힘을 주어 읽으면 제가 똑똑해 보이나요? 같은 응급처치법. 분위기 깔고 낭독하려면 이렇게 혹은 저렇게, 'ㅅ' 발음이 새는 것에 대한 친절한 조언, 목소리 좋게 내는 방법….

이 책 한 권이면 다큐멘터리 내레이션은 거뜬히 해낼 수 있을 뿐더러, 아나운서 시험에서 합격을 보장한다. 목은 쓰는 만큼 디자인된다. 그러니까 이 책은 '목'의 맥을 짚어 주는 건강서이면서 거울을 통해 얼굴은 보되 목은 보려 하지 않는 우리 목에 대한 철학서이다. 그리고 무엇보다 읽는 내내 미소가 떠나지 않을 만큼 재미 있다는 것. 이상협 시인이 목소리 천재인 것으로도 모자라 이렇게 유머러스하기까지 하다니. 한 사람의 단단한 재능을 이 한 권의 에세이에다 야무지게 풀어 놓았다.

이병률 | 시인

들어가며
나를 듣는 시간

낭독, 왠지 부담스럽습니다. "오늘은 3일이니까 3번, 13번, 23번이 읽어 보자." 국어 시간 불편했던 기억이 떠오릅니다. 사람들의 시선을 받는 건 늘 떨리는 일이죠. 낭독에 대한 첫 경험이 대체로 불편하니 '굳이 왜 해야 하나'라는 의문이 듭니다. 맞습니다. 할 일도 많고 스트레스도 많은 바쁜 삶인데 말입니다. 그럼에도 낭독을 즐기는 사람들이 제 주변에는 꽤 있습니다. 제가 만난 사람들 이야기를 꺼내 볼까요. 장애인 도서관에서 낭독 봉사를 하는 30대 여성인데요. 처음엔 봉사로 시작했지만 이젠 자신에게 중요한 일상이 되었다고 합니다. 문장이 자신의 몸을 울려 소리로 바뀌는 동안 치유되는 느낌을 받았다고 해요. 노래도 비슷한 효과가 있지만 성격상 합창단보다 혼자 하는 낭독이 더 즐거웠다고 합니다. 어떤 임산부는 태교로 뱃속의 아이에게 동화를 읽어 주다 소리 내어 읽는 것이 즐거운 습관이 되었다고 하고요. 어느 도서관 강의에서 만난 할머니 한 분도 비슷한 이유로 낭독에 흥미를 느꼈다고 합니다. 손녀에게 동화를 읽어 주다가 낭독에 욕심이 생겨 문화센터까지 다녔다고 하죠. 주위의 시인들도 낭독을 많이 하는데요. 낭독회도 있지만, 시를 퇴고할 때 대부분 소리 내어 읽는다고 들었습니다. 고칠 부분이 잘 보이고 음성적으로 좋은 느낌인지 낭독을 통해 확인할 수도 있기 때문이라고 합니다. 『20억 광년의 고독』을 쓴 일본의 국민 시인 다니카와 타로谷川俊太郎는 낭독은 텍스트가 몸으로 직접 들어오는 일이라고 했습니다. 활자로 읽을 때 재미없던 시가 음성화되면서 좋은 시라는 사실을 깨달은 경험이 있다고 하죠. 앞서 소개한 이들의 공통점은 많은 사람들 앞에서가 아니라 혼자 혹은 한두 명과 편하게 낭독을 즐긴다는 겁니다.

  장애인 도서관의 낭독 봉사자 이야기처럼 낭독은 누군가에게 들려주는 일이지만 내가 듣고 즐기는 일이기도 해요. 나 자신에게 말을 거는 일일 수도 있고요. 혼자 하는 낭독도 혼자 부르는 노래와 같습니다. 모든 사람이 작곡에 재능이 있다면 자신의 감정을 담아낸 노래를 만들테지만 그렇지 못하니, 자기 감정선에 닿아 있는 노래를 찾아서 듣고 부르며 마음을 고백하는 것이겠죠. 다른 점은 노래에는 이미 멜로디가 있는데 우리는 가사만 보고 어울리는 멜로디를 만들어야 한다는 것이지요. 낭독은 노래이며, 고백입니다. 평소 내 마음에 닿아 있는 텍스트를 목소리에 얹어 나의 마음을 연주하는 일이죠. 고백이므로 사람들 앞에서 부끄러워지는 것은 당연합니다. 그렇다면 코인 노래방 가듯 혼자 있을 때 하면 되겠지요. 그래서 준비했습니다. 일인낭독一人朗讀! 저자는 일인가구一人家口 시대라는 시류에 편승해 책을 만들고 돈을 벌어 보자는 속셈일까요? 일부 옳습니다. 들켰습니다. 저자의 속셈과 무관하게 혼자 하는 낭독은 생각보다 재미있다는 것을 알려드리고 싶었습니다. 은근히 중독성도 있습니다. "그래서 이 책을 읽으면 뭐가 좋아지는 데?"라고 묻는 이도 있으리라 봅니다. '낭독은 우리 뇌의 전두엽 20퍼센트를 활성화하고 기억력을 향상시킨다' 같은 의학적 내용은 잘 모르겠습니다. 말하기도 낭독에서 출발하는 것이니 평소 언어 습관을 점검해 볼 수도 있겠죠. 하지만 세상에는 무용하고 아름다운 일들도 있습니다. 어떤 행위가 모두 의미를 지니거나 생산성이 있어야 하는 건 아니라고 생각해요. 바닷가에서 모래성을 만드는 일처럼 즐겁다면 그냥 하는 거죠. 분명 낭독이 독서의 새로운 즐거움을 드릴 수 있을 겁니다.

'일인 낭독'은 내가 읽고 그 소리를 나만 듣는 일입니다. 내가 읽고 내가 듣는 것으로 충분히 의미 있다고 생각해요. 아무도 안 듣는 걸 왜 혼자 하느냐고 질문하시겠죠? 저자는 그럴 줄 알았다는 듯 준비한 답을 내놓습니다.

> "우리는 혼자 있을 때 가끔 좋아하는 노래를 부릅니다. 저절로 노래가 나오기도 하고 흥이 더해지면 길에서 누가 듣는 것도 아랑곳하지 않고 작게 흥얼거립니다. 노래하면 기분이 나아지고, 기분이 좋을 때 노래는 저절로 나온다는 것을 경험으로 알고 있기 때문이죠."

가수도 아닌데, 목소리도 안 좋은데, 음정도 잘 못 맞추는데 왜 노래하냐고 묻지 않습니다. 가수만 노래를 부를 수 있는 것이 아니듯 낭독가, 성우, 아나운서들에게만 낭독할 권리가 주어지는 건 아닐 겁니다. 낭독은 소모적인 말의 배출이 아닌 마음에 닿는 말들을 모아 작은 노래를 부르는 일과 같습니다. 노래를 '부른다'는 표현이 저는 좋아요. 어원과 무관하지만, 이곳에 없는 어떤 것을 불러오는 일은 매혹적이니까요. 생경한 이야기로 들릴 테지만 낭독은 단지 의미만을 전달하는 행위가 아니며, 그 자체로 기분이 좋아진다는 걸 알려드리고 싶습니다. 한 번도 제대로 연주해 본 적 없는 '나라는 악기' 다루는 법을 함께 알아 가면 좋겠습니다.

이 책은 전문가 양성을 위한 낭독 책이 아닙니다. 낭독의 기술만을 기술한 책도 물론 아닙니다. 발음, 발성, 기교 이런 것들은 낭독에서 크게 중요한 요소가 아닐지도 몰라요. 낭독의 태도에 관해 이야기할 거예요. 우리는 노래를 즐기고, 우리 생활에 노래가 필요하다면, 낭독도 같은 의미를 가져다 줄지도 모릅니다. 우리가 낭독 악기라면, 울림을 통해 우리가 부르는 노래는 몸 안에 쌓여 갈 거예요. 좋은 노래와 같은 좋은 글을 찾아서 읽는다면 글의 감정이 몸 안에, 세포들에 기록될 겁니다. 낭독이 보약입니다. 부작용이라면 뭐든 읽고 싶어지는 중독성이 생긴다는 것이죠. '나를 바꾸는 101가지 방법' 유의 자기계발서가 유행입니다. 나는 왜 바뀌어야 할까요. 나는 피곤하고, 바쁘고, 생각할 것도 너무 많은데 말입니다. 있는 걸 지키기도 힘든 세상이에요. 이 책엔 나를 바꾸는 법보다 지키는 법이 적혀 있을지도 모릅니다. 남의 삶을 기웃거리기보다, 나에게 좀 더 집중할 수 있는 작은 무기를 드릴게요. 요즘 뭔가 하고는 싶은데, 딱히 하고 싶은 일이 없다면, 남들 다하는 취미 생활엔 도무지 흥미가 안 돈는다면, 이 책에 시간을 나눠 주세요. 뜻밖의 비밀 취미 생활이 시작될지도 모릅니다.

이 책 이용법

띄엄띄엄 보세요. 사람이 아닌 책이니 괜찮습니다. 일반적인 독서 습관으로 처음부터 끝까지 한번에 보시려면 흥미가 떨어질 겁니다. 느긋하게 해 봅시다. 하루에 한 부분 이상 넘어가는 건 반칙이라고 정합시다. 이건 '도전' 같은 거창한 일이 아니에요. 삶에 잔재미를 줄지도 모르는 작은 투자입니다. 로또보다는 훨씬 확률이 높은 투자지요. 느긋하게 느릿하게 쉬엄쉬엄 보세요. 변죽을 울리며 에둘러 가는 책입니다. 글은 편의상 날로 구분했습니다. 하루에 하나씩 데이 미션day mission이 있어요. 지키는 게 어렵지는 않을 겁니다. 작은 성공의 기억들이 낭독의 즐거움으로 이끌 겁니다. 문체가 오락가락해서 같은 사람이 쓴 책인가 의문이 드실 수도 있겠으나 저자가 여러 개의 자아로 쓴 글이구나 이해해 주시면 좋겠어요.

 아포리즘과 유머와 정보와 서정이 버무려진 이상한 책이길 바랍니다. 이상하게 끌리는 책. 저는 무언가 처음 시도하는 나를 좋아합니다. 여행지에선 예측하지 못한 곳에

도착해 있는 나를 좋아합니다. 여러분에게 낭독이 그런 의미면 좋겠네요.

  본문과 더불어 팁과 낭독일기 그리고 마지막 Q&A 네 부분으로 구성했는데, 귀찮으면 흘려 읽으세요.

  급한(?) 분들은 데이 미션day mission 11부터 시작해서도 됩니다. 대신 게을러도 되니 꾸준히 시도해 보시기를 권합니다. 저도 이 책을 게으르게 쓰는 중입니다. 방금 스마트 폰으로 오락도 하고 트위터도 보고 '이상협 시인'을 키워드로 검색하여 별 내용 안 나오는 것도 확인하고 스위스 여행 간 친구의 인스타그램에 '좋아요'도 누르고 페이스북까지 SNS 순례를 마치고 다시 한 줄을 씁니다. 느리지만 꼭 완성하리라는 믿음을 가지고 말입니다. 산책 하듯 읽어 보세요. 글 속에서 두리번대고, 걷다 벤치에 앉듯 마음에 드는 문장에 앉아서 음미해 보고, 걸어온 문장을 되짚어 보기도 하고 말이죠.

  이 책을 다 읽는다고 극적으로 낭독의 대가가 된다든지 목소리가 좋아진다든지 하는 일은 없을 겁니다. 없어야 합니다. 그래야 저 같은 사람들이 먹고살지요. 여러분은 여러분의 일을 열심히 해 주세요. 그리고 시간이 남으면, 느긋한 '혼술'처럼, 일인 낭독의 세계로 조금씩 들어오세요. 어서 오십쇼.

차례

추천의 글 _ 6

들어가며 나를 듣는 시간 _ 8

이 책 이용법 _ 14

Day Mission 00
묻지 마 미션 _ 21

Day Mission 01
누워서 나만의 '아'를 찾아 보세요 _ 23
낭독일기 나를 만진다 _ 31

Day Mission 02
단어에 때깔을 입혀 볼까요? _ 33
낭독일기 정전기 냄새 _ 40

Day Mission 03
단어를 이어서 읽고, 차이를 느껴 보세요 _ 43
낭독일기 그 남자의 전화 낭독 _ 50

Day Mission 04
'밥'과 '똥'을 다양한 의미로 발음해 볼까요? _ 51
낭독일기 파업과 시인 _ 54

Day Mission 05
단어를 강조해 문장의 의미를 바꿔 봅시다 _ 57
낭독일기 경연하는 낭독 _ 63

Day Mission 06
낭독 기호 익히기와 한 줄 낭독하기 _ 65
낭독일기 배드 뉴스 _ 70

Day Mission 07
두 줄 같은 한 줄, 하이쿠 낭독하기 _ 71
낭독일기 스튜디오 S _ 76

Day Mission 08
반복되는 단어를 다른 느낌으로 읽어 보세요 _ 77
낭독일기 나를 듣는 오키나와 _ 83

Day Mission 09
소리를 크게 그리고 작게 낭독해 봅시다 _ 85
낭독일기 TV 미술관 _ 93

Day Mission 10
다시 「서시」 읽기 _ 95
낭독일기 처음 읽는 「서시」 _ 101

Day Mission 11
낭독의 순서를 배워 볼까요? 1 _ 103
낭독일기 내용 없는 아름다움 A _ 109

Day Mission 12
낭독의 순서를 배워 볼까요? 2 _111
낭독일기 내용 없는 아름다움 B _124

Day Mission 13
자신만의 악보를 그려 볼까요? _125
낭독일기 내용 없는 아름다움 C _129

Day Mission 14
오늘은 드디어 낭독의 날!
마음껏 낭독하세요 _131
낭독일기 내용 없는 아름다움 A, B, C 그리고 D _136

Day Mission 15
'우리 사이 오리 사이' 열 번씩 열 번 읽기 _139
낭독일기 안 보아도 비디오, 안 들어도 오디오 _146

Day Mission 16
강조의 세 가지 방법을 배워 볼까요? _149
낭독일기 좋은 내레이션, 슬픈 내레이션 _155

Day Mission 17
강조의 기법을 이용해 「서시」의
마지막 문장을 읽어 봅시다 _157
낭독일기 기이한 낭독 _168

Day Mission 18
나만의 낭독 글을 골라 보세요 _171
낭독일기 낭독의 발견 _175

Day Mission 19
음악을 깔고 낭독해 볼까요? _177
낭독일기 문신文身 _183

Day Mission 20
우리 녹음해요! _185
낭독일기 음주 시인의 음유 시인 이야기 _189

Day Mission 21
내친김에 낭독 모임 만들어 볼까요? _193
낭독일기 꽃잎 반 이상협 _202

Day Mission 22
예술 한번 합시다!
핸드폰으로 영상 포엠poem 만들기 _205
낭독일기 한쪽 귀 _209

나가며 낭독이라는 기도! _210

Q & A
무엇이든 막 물어보세요 _213

Day Mission

00

묻지 마 미션

여러분의 첫 번째 미션입니다. 윤동주의 「서시」를 핸드폰에 녹음해 보세요. 이유는 묻지 마십쇼. 마지막 날 알려드립니다. 녹음 시작. ● REC

서시

죽는 날까지 하늘을 우러러
한 점 부끄럼이 없기를,
잎새에 이는 바람에도
나는 괴로워했다.
별을 노래하는 마음으로
모든 죽어가는 것을 사랑해야지
그리고 나한테 주어진 길을 걸어가야겠다.

오늘 밤에도 별이 바람에 스치운다.

Day Mission

01

누워서 나만의 '아'를 찾아 보세요

『눕기의 기술』이란 책이 있더군요. '지금 누워 있는가?' 라는 문장으로 시작하는데, 인간의 위대한 행위는 모두 누워서 이루어진다는군요. 생명을 만드는 성교, 탄생, 그리고 죽음. 저는 지금 누워서 중요한 글을 쓰는 중입니다. 무릎 뒤쪽에 베개를 세워 끼우고 허벅지 위에 노트북을 올리고 말이죠. 위대하진 않지만, 무엇이든 누워서 하는 걸 좋아합니다. 이 책의 대부분을 누워서 썼습니다. 책도 쓰고 책도 보고 모바일 게임도 하고 술도 마시고 여행도 가고 방송도 하고, 방송은 아니네요. 아무튼 우리가 눕는 이유는 일단 편하고, 신체 에너지를 절약할 수 있는 절전 모드로 만들어 주기 때문이 아닐까요. 에디슨도 누워서 발명 아이디어를 떠올렸다죠. 온종일 앉아서 일하는 것이 건강에 좋지 않다는 사실은 이제 상식이 되었습니다. 그렇다고 모든 걸 누워서 할 수는 없겠죠. '알트워크 스테이션'이란 장비가 있더군요. 구름 위에서 일하는 기분을 느껴 보라는 과장 광고가 좀 걸리지만 탐나는 장비입니다. 치과 의자 같은 좌석에 모니터가 붙어 있어요. 매우 비싼 것이 흠입니다만 책으로 돈을 벌면 꼭 살 겁니다. 다음 책은 완벽하게 누워서 쓰려고요. 제가 눕는 것 참 좋아합니다.

자, 여러분도 이제 누워 보세요. 세상에서 제일 편한 자세로 누워 보세요. 잠이 오나요? 그럼 책 덮고 주무세요. 급할 일 있나요? 내일 다시 하면 되니까요. 하지만 괜찮다면 다시 시작해 보죠. 무얼 할까요? 낭독하는 법 일러 준다고 사람 눕혀 놓고 어이없는 말을 늘어놓는다면 짜증이 날 테죠. 그런데 좀 실없이 보이는 일을 할 거예요. 아, 아아 하고 말해 보세요. 다양하게 소리 내 보세요.

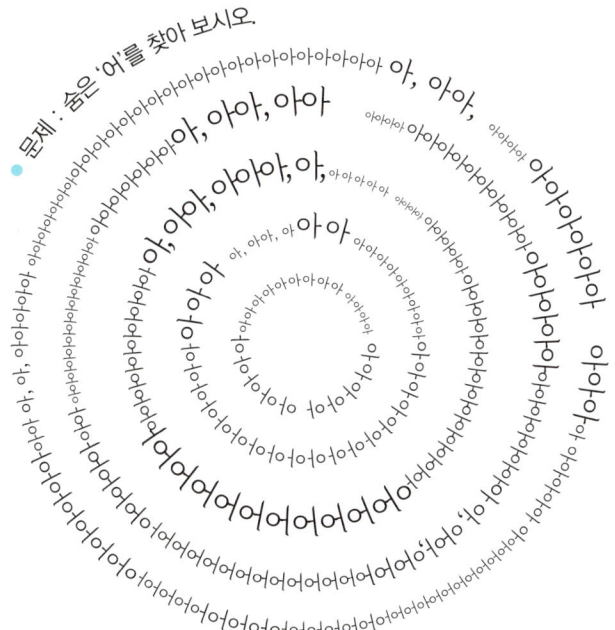

누워서 나만의 '아'를 찾아 보세요

저자가 초장부터 미쳤나 봅니다. '페이지를 늘려 책값을 올리려는 수작일까요?' 속셈은 모르겠지만 '아' 하고 이어서, 끊어서, 여러 번 혹은 아~ 하고 길게 끌어 읽어 보세요. 숨이 끝날 때까지 해 보세요. 목숨이 끝나기 직전엔 멈추셔야 합니다. 평소 목소리와 다르다는 걸 느끼셨나요? 다르지 않다고요? 그렇다면 평소 발성 좀 되는 분일지도 모르겠네요. 어쨌든 오늘은 '아' 소리 내기만 할 거예요. 낭독에 있어 중요한 걸 시작하고 있는 거니 제 말 좀 듣고 따라 해 주세요. 계속 아아 소리 내 보세요. 엄마가 과일을 깎아서 들어오다 놀랄 수도 있습니다. 요즘 스트레스를 많이 받더니 저렇게 되었구나. 측은한 눈길을 받게 될지도 모릅니다만 위축되지 말고 '아' 하고 발음해 보세요. '아'는 우리의 본능적 음성언어입니다. '아'는 인간의 근원적인 목소리입니다. 아플 때, 감탄할 때, 이해할 때, 짜증 날 때 '아'라고 말합니다. 발음할 때의 어감이 조금씩 다르지만, 자음 하나 없이 의미를 정확히 전달합니다. 단순한 감탄사가 아니죠. 베트남어는 성조에 따라 여섯 개의 a(아) 발음이 있다고 하고, 훈민정음에선 아래 아(ㆍ)를 높은 성조로 발음해 모음 '아' 발음과 구분했다죠.

일반적으로 '아' 발음은 입을 가장 크게 하고 가장 많이 소리가 울리는 발음이에요. 입도 가장 크게 벌어지죠. 제대로 발음하려면 턱관절 근육이 뻐근할 텐데, 평소에 '아' 발음을 할 때는 입이 거의 벌어지지 않았을 거예요. 입이 게으른 거죠. 그러니 발음이 명료했을 리 없습니다. '아' 발음을, 그것도 누워서 하는 이유는 언급했듯, 눕는 행위가 에너지를 아끼고 집중할 수 있게 돕는 신체 모드이기 때문입니다. 평소에 앉거나 서 있기만 해도 수축하는 몸 근육들이 무수히 많습니다. 몸을 지탱하는 근육들이 무의식 중에 에너지를 쓰고 있는 거죠. 그러니 누워서 '아' 발음 하나에만 집중한다면 정확한 발음이 만들어질 테고, 평소의 내 목소리와 다른 느낌을 받을 거예요. 목욕탕에서 말하는 것처럼 울리는 느낌이 있나요? 왜 그럴까요? 목부터 아래까지 몸의 소리 길이 트여서 울림이 좋아지는 겁니다. 경직되어 있던 근육들이 모두 이완되어 소리를 낼 때 조금 더 편안해지는 원리죠. 우리는 긴장하면 목이 뻣뻣해지고 목 주변과 얼굴 근육이 굳어서 말하는 게 어색해져요.

프레젠테이션이나 회의할 때, 보고할 때, 발표할 때, 어려운 사람들과 이야기할 때, 목이 살짝 조여 오면서 목소리가 제대로 나오지 않는 경험을 해 봤을 거예요. 반대로 편한 친구들 앞에서 말할 때, 특히 술 한잔하고 말하면 꽤 말을 잘하는 사람처럼 느껴지기도 하죠. 혹은 술 먹은 다음 날 목소리가 울리는 경험 없었나요? 근육이 이완되어서 그런 건데요. "이 아나운서 오늘 소리가 좋은데?"라는 말을 듣는 때는 분명 전날 밤 술 먹은 날입니다. 저는 목소리 좋다는 말을 거의 매일 듣습니다. 거의 매일 마시니까요. 제가 인생에서 꾸준히 하는 일이라곤 술밖에 없습니다. 어떤 성악가는 목 근육을 이완하기 위해 노래 부르기 전에 마늘을 먹었다고 해요. 오페라 무대에서 남녀 주인공이 서로의 얼굴을 가까이하고 마늘 냄새를 맡으며 애틋한 아리아를 부르는 모습까진 상상하지 말아요, 우리.

'아' 발음만 하는 게 재미없다면 뭐든 읽어 보세요. SNS의 좋은 글이나 스팸 문자 메시지든 만화든 가리지 말고 읽어 보세요. 누워서 읽을 때 느끼는 나의 목소리를 기억하세요. 소리 낼 때 달라진 기분을 머릿속에 저장해 두세요. 목소리는 근본적으로 좋아질 수 없지만 좋게 들릴 수는 있어요. 여러분이 낼 수 있는 가장 좋은 소리 들을 몸으로 기억하세요. 잠들기 전까지 무의미한 스마트 폰 서핑 말고 무언가 읽어 보세요. 쑥스러움은 버리세요. 아무도 듣고 있지 않아요. 엄마의 서늘한 시선은 아무것도 아니에요. 읽으세요.

우리 오늘부터 1일인 거예요.

Tip '아' 발음이 지루한 분께 '옴'을

'옴'이란 말 들어보셨나요? 저항(Ω)이 먼저 떠오르셨다면 당신은 이과생. '옴마니밧메훔'은 들어보셨죠? 무협지에서 보신 분들도 있을 겁니다. 장풍 쏠 때 하는 주문. 불교의 육자진언六字眞言이라고 하는데 '옴마니밧메훔'唵麽抳鉢銘吽, 산스크리트어 oṃ maṇi padme hūṃ은 '온 우주에 충만한 지혜와 자비가 지상 모든 존재에게 그대로 실현될지어다'라는 뜻이라네요. 티베트인들은 '옴마니밧메훔' 글자를 산등성이 곳곳에 새겨 놓았는데, 이 주문을 외우면 모든 죄와 악이 소멸하고 공덕이 생긴다고 믿는다고 합니다. 티베트 스님들은 이 글자의 앞 글자 하나만 따서 주문으로 외우는 수행을 하는데 동영상 플랫폼에서 검색해 보면 그 모습을 볼 수 있습니다. 여러분을 포교하려는 건 아니니 안심하시고요.

앞선 설명은 페이지 채우기용 저자의 술수이니 다 잊으시고 발음만 생각해 보죠. '옴oṃ'은 'ㅁ' 받침으로 닫히는 말이고 동시에 유성음 'ㅁ'이 저음을 끌어내 몸에 진동을 주는 단어입니다. 유사 단어로 '엄', '움', '암'도 있지만 '옴'이 불교에서 좋은 뜻이고, 스님들도 수행에 쓴다니 '옴'으로 발음 수행(?)을 해 보죠.

'아'가 에너지를 쏟는 발음이라면 '옴'은 몸 안에 에너지를 가두고 발생시키는 느낌이 있습니다. '아' 발음이 지루하거나, 평소 목탁 소리에 끌리는 분들, 회색 옷을 입으면 편안해지는 분들, 이상하게 머리를 시원스레 깎고 싶어지는 분들께 '옴' 발음 연습을 추천합니다. 산사의 범종 소리처럼 뱃속까지 울리는 저음을 느껴 보세요.

이해를 돕기 위해 예문 일부를 녹음해 아트앤북 유튜브 계정에 올려 두었습니다(책 제목으로도 검색 가능).

낭독일기

나를 만진다

"아침부터 저녁까지 무얼 하십니까?"
"나 자신을 견딥니다"
• 에밀 시오랑 Emil cioran

사람을 견디고, 사람을 견딘 나를 견디고 돌아오는 저녁 마음은 쓸쓸하다. '아' 하는 한숨 몇 번이 저절로 입에 오르고, 위로란 참 멀리 있는 듯, 쓸쓸함에 외로움까지 더해진다. 정체 없는 슬픔이 고일 땐 오른손으로 왼쪽 어깨를 쓰다듬는다. '힘들지. 지나갈 거야' 속말로 한마디 건네며 오래 어깨를 쓸어 준다. 내가 나에게 하는 스킨십도 위로가 된다. 손바닥으로 손등을 만지며 "아, 오늘도 잘 견뎌냈구나, 내일은 나을 거야"라고 말해 보는 일은 뜻밖의 위로가 된다. 자기 몸을 쓸면서 가끔, 남에게 듣고 싶은 말을 꺼내어 내가 나에게 들려주면 좋겠다. 쑥스럽지 않았으면 한다. 내 몸에서 나와 내 몸으로 되돌아간 그 말에 자주 곁을 주면 좋겠다.

누워서 나만의 '아'를 찾아 보세요

Day Mission

02

단어에 때깔을 입혀 볼까요?

텍스트가 스케치라면 여러분만의 빛깔로 색칠을 하는 것이 낭독입니다. 말해놓고 보니 시 쓴다는 사람의 비유라고 하기에는 너무 진부하네요. 연필로 꽃을 그렸다고 생각해 보죠. 실제로 그리실 필요는 없어요. 낭독 책이니까요. 무슨 색으로 꽃을 칠해 볼까요? 빨강, 노랑, 아니면 검정? 왜 이런 질문을 했을까요? 어떤 색을 칠하느냐에 따라 다양한 종류의 꽃으로 보일 수 있듯 낭독이란 색칠을 어떻게 하느냐에 따라 문장의 느낌이 완전히 달라집니다. 그리고 그린 꽃을 호명해 읽어 주는 것, 그리고 내게로 와서 꽃이 되는 것, 읽기 전엔 하나의 텍스트에 불과한 꽃이 하나의 의미가 되는 과정, 이것이 낭독입니다.

단어마다 고유의 정서가 있을 겁니다. 문화와 지역의 차이에 따라 집단 무의식으로 유전된 느낌들이 저마다 있겠지요. 하지만 문장 안에서 어떤 맥락이냐에 따라서 의미는 바뀌게 될 겁니다. 또 단어의 발음이 갖는 고유의 느낌이 있을 겁니다. 입이 닫히는 발음인가, 열리며 여운이 남는 발음인가, 파찰음인가 감각하는 것은 채색을 위해 물감

고유의 색채를 느껴 보는 일과 같습니다. 단어의 질감을 느껴 보는 일이죠. 어릴 때 그림 그리라고 사다 준 물감을 입에 넣고 씹고, 뜯고, 맛보고, 즐기고, 섞고, 벽에 칠해 보면서 물감이란 질료에 대해 색 이외의 감각까지 익혔잖아요. 마찬가지로 우리도 그렇게 단어를 가지고 놀아 볼게요.

소설가 김훈은 에세이 『자전거 여행』에서 '숲'이라는 단어를 편애한다고 적었는데요. '숲'은 'ㅜ' 모음으로 입이 가장 많이 튀어나왔다가 순간 입술이 오므라들며 닫히는 매력적인 단어입니다. 그는 '수풀'이란 단어도 좋지만 '숲'이란 단어는 깊고 서늘하며 향기와 습기까지 번져 있고 단 한 글자 속에 나무를 흔드는 바람 소리와 눈보라 소리까지 지니고 있다고 이야기합니다. 후각·촉각·청각·시각 모두를 한 글자 속에서 느낄 수 있죠. 다음 단어들을 하나하나 천천히 '감각'하며 발음해 보세요. 반복해 발음하다, 처음 만나는 단어인 듯, 착란錯亂에 빠진 듯 벅찬 미시감 jamais vu 을 느끼면 좋겠습니다.

| 나무 | 구름 | 바람 | 벚꽃 | 하늘 | 사랑 |

  여섯 개의 단어가 있습니다. 제가 좋아하는 단어들입니다. 모두 두 글자네요. '나무'라는 단어를 살펴볼까요. 나무라면 수종도 무수하고, 계절과 시간에 따라 느낌도 다르겠죠. 어린나무인가 고목인가, 겨울나무인가 싱그러운 여름 나무인가에 따라, 역할에 따라 문장 안에서 느낌을 달리해 읽어야 하겠죠. 일단 이 여섯 개의 단어들로 연습하시고 여러분이 평소 좋아하는 단어들을 골라서 더 연습해 보세요.

  단어의 뜻이 만들어 내는 이미지도 있겠지만 발음이 주는 이미지도 있습니다. '바람' 같은 단어는 입이 닫히는 말입니다. 단호한 느낌을 주지요. 입이 닫히면서 울림이 일기도 하고요. 발음해 보시면 느끼실 겁니다. '바람' 뒤에 '피우다' 같은 동사가 붙는다면 마음이 서늘해지기도 하죠.

 '사랑' 같은 단어는 어떤가요? 살짝 닫히면서 'ㅇ' 소리의 여운이 입 속에 오래 남습니다. 예시어는 아니지만 '바다' 같은 단어는 '아' 모음이 두 개나 들어가고 입이 크게 벌어지면서 열린 느낌을 주죠. '치타'라는 단어는 파찰음으로 시원한 소리를 만듭니다. 학창시절 반찬을 빼앗기지 않기 위해 도시락에 대고 '터미네이터 2(투)' 같은 발음을 하던 기억도 떠오르네요. 대체 시작부터 무슨 소리인지 도무지 모르겠다는 분들은 열심히 발음해 보지 않았기 때문일 겁니다. 단어 고유의 느낌과 에너지를 느껴 보세요. 이런 단어들을 낭독할 때는 감정을 흉내 내는 것이 아니라 단어와 관련해 본인이 겪은 감각의 기억을 담아내야 합니다. 그래야 듣는 이들에게 진심을 정확히 전달할 수 있습니다. 우린 혼자 듣고 말겠지만, 나에게 하는 이야기에 진심이 담겨야 남을 설득하는 낭독을 할 수 있어요. 나를 사랑하지 않고는 남을 사랑할 수 없듯. 편하게 그러나 진실한 마음으로 아래 지시와 같이 읽어 봅시다.

> 🎧 슬픈 느낌으로 읽어 보기
> 나무, 구름, 바람, 벚꽃, 하늘, 사랑

> 🎧 밝은 느낌으로 읽어 보기
> 나무, 구름, 바람, 벚꽃, 하늘, 사랑

🗣 감정을 빼고 건조하게 읽어 보기

　나무, 구름, 바람, 벚꽃, 하늘, 사랑

🗣 빠르게 읽어 보기

　나무, 구름, 바람, 벚꽃, 하늘, 사랑

🗣 느리게 읽어 보기

　나무, 구름, 바람, 벚꽃, 하늘, 사랑

🗣 속삭이듯 읽어 보기

　나무, 구름, 바람, 벚꽃, 하늘, 사랑

🗣 웃는 표정으로 읽어 보기

　나무, 구름, 바람, 벚꽃, 하늘, 사랑

　문장 안에서 읽어야 감정 잡기가 수월하겠지만, 단어에 어떤 감정을 실을 수 있는지 실험해 보는 장場이라고 생각하고 몇 번이고 연습해 보세요. 묘한 느낌이 찾아오는 순간이 분명 있으리라 믿어요. 팔레트에 수채 물감을 조금씩 짜서 물감끼리 섞어 보고, 물의 농도도 달리해 보는 준비의 시간입니다.

Tip 의성어 의태어 읽기

우리가 낭독할 때 특히 의식하는 부분이 있다면 의성어와 의태어일 겁니다. '딩동딩동' 같은 의성어나 '엉금엉금' 같은 의태어를 어떻게 읽으시나요? '딩동딩동'은 약간의 멜로디가 있는 노래처럼, 엉금엉금은 '엉그음 엉그음'처럼 살짝 늘여서 상투적인 낭독을 할 겁니다. 어릴 때부터 그렇게 배웠으니 본인도 모르는 귀여움이 남아 습관이 된 거죠. 거울을 봅시다. 여러분은 어리지 않습니다. 귀엽지도 않아요. 과도한 표현이 낭독을 망칩니다. 오히려 덤덤하게 읽는 것이 고급스러운 낭독의 느낌을 준답니다. 말에 표정을 주는 건 좋지만 상투적인 표현은 듣는 사람을 지루하게 만듭니다. 앞으로 의성어, 의태어가 등장하면 담백하게 읽어 봅시다. 거울을 봅시다.

낭독일기

정전기 냄새

시각장애인 도서관에서 낭독 봉사를 한 적 있다. 오래전 일이라 대부분 희미하지만, 키가 크고 웃음이 호방한 시각장애인 관장님과 순하고 희고 큰 맹인견 한 마리, 그리고 스튜디오 공기 냄새는 또렷하다. 처음엔 업무처럼 시작했는데 읽는 동안 잡념이 사라지는 느낌이 좋아 생각보다 오래하게 되었다. 신간 소개, 도서관 일정, 책의 구절 등 아무거나 계통 없이 읽었는데, 뭔가 집중해 읽고 난 뒤에 찾아오는 기분이 좋았다. 읽는 내용과 무관하게 이르게 되는 감정이었다. 무엇이었을까. 해방감도 성취감도 아닌 이상한 기분이라니. 남을 위해 시작한 봉사가 나를 위한 일이 되는 특별한 경험이었다. 시각장애인 한 분과 흥미로운 이야기를 나눈 적 있다. 그는 정전기에도 냄새가 있다고 했다. 스튜디오 안에서 나는 냄새의 정체를 설명했지만 나는 맡지 못했다. 시각이 닫힌 만큼 다른 감각이 열린다고 그는 말했다. 후각과 청각, 촉각이 예민해지고 감각을 키운 만큼 세상을 더 다양하게 느끼게 되었다고 했다. 처음 만난 내게 이런 이야기를 건넨 이유는 자신을 지나치게 조심스럽게 대하는 나에 대한 배려였을 것이다. 아차 했다. 어떤 친절이 불편함으로 남기도 하듯, 어떤 연민은 일종의 폭력이 되기도 하니까. 들킨 마음이 내내 미안했다. 그를 보내고 생각했다. 감각이 확장된다는 건 어떤 느낌일까 오래 궁금했다. 멍게를 처음 먹고 바다를 떠올린 사람처럼, 보이차를 처음 마시고 비 오는 날 흙내음을 생각해 낸 사람처럼, 새로운 감각을 경험해 보고 싶었다. 이 세계는 그대로지만 우리는 감각하는 만큼 살아가는 것이 아닐까. 낭독도 사실은 읽기의 감각을 입체적으로 확장해 가는 일이 아닐까. 소리 내지 않고 독서하는 데 익숙한 우리는 어떤 감각 하나를 잃고 사는 게 아닌가. 가지를 뻗는 생각 속에서 보이지 않는 것들을 생각했다. 자신의 감각을 통해 둘레가 넓혀지는 세계를 생각했다. 무엇보다 궁금한 건 정전기 냄새였다.

Day Mission

03

단어를 이어서 읽고, 차이를 느껴 보세요

안 물어보셨고 안 궁금하시겠지만, 시인들이 시를 쓸 때 고민하는 것 중 하나가 단어와 단어, 문장과 문장 사이에 어떤 이야기가 고이게 할 것인가입니다. '사이'라는 틈 안에서 문장과 단어들이 진동해 어떤 감정이 만들어지길 바라는 거죠. 괄호가 많은 문학이 시詩이고 그 괄호를 채우는 것이 독자의 역할이죠. 그래서 시는 모호하고 어렵게 보일 수 있지만 읽을 때의 계절, 기분, 시간에 따라 다른 의미로 다가옵니다. BTS 노래를 들을 때처럼 시 역시 여러 번 읽어도 질리지 않아요. 소설은 이야기에 집중해 쓴 문학 장르라 여러 번 다시 읽는 경우가 드물지만 시는 노래와 마찬가지죠. 좋아하는 노래는 여러 번 들어도 질리지 않습니다. 여행지에서 듣는 노래와 화장실에 앉아서 듣는 노래, 기차에서 듣는 노래와 만취해 듣는 노래, 가을밤에 듣는 노래는 같은 곡도 각기 다른 감각을 깨워 주니까요. 행간이 많은 문학, 시의 작은 비밀과 더불어 낭독 이야기를 해 볼게요.

🏃 두 단어를 이어서 읽어 보기
　① 나무 - 쉬지 않고 - 구름
　② 나무 - 1초 쉬고 - 구름

나무구름 하고 쉬지 않고 붙여 읽어 보면 시적인 단어가 만들어집니다. 머릿속에 나무 모양의 구름이 떠오르고 그런 구름도 있을까 상상해 볼 수 있어요. **나무** 하고 1초 정도 쉬고 **구름**이라고 읽었다면, 나무 위에 잎처럼 걸린 구름이랄지 다양한 풍경이 떠오를 겁니다. **나무**라는 단어와 **구름**이란 단어의 무게감은 어떨까요? 나무와 구름 모두 지구 어디에서나 볼 수 있는 것들이죠. 나무는 땅에서 구름은 하늘에서 자라죠. 다른 점이 있다면 나무는 움직이지 않는 생명체고 구름은 움직이는 무생물입니다. 단어의 무게감이 비슷합니다. 낭독할 때 이런 생각들을 마음에 비추어 본다면 느낌이 달라지겠죠. 거창하게 말해 볼게요. 낭독은 단어에 생명을 부여하는 일입니다.

🏃 세 단어를 이어서 읽어 보기
　① 나무 구름 바람
　② 나무 구름 - 1초 쉬고 - 바람
　③ 나무 - 1초 쉬고 - 구름 바람

나무, 구름, 바람을 읽어 봅시다. 밭게 붙여 읽을 때와 느긋하게 쉬면서 읽을 때, **나무, 구름**은 붙이고 좀 쉬었다 **바람**하고 읽는 것과 **나무**하고 쉬고 **구름, 바람**하고 읽는 건 느낌이 다를 겁니다. 쉬어 가는 시간에 따라서도 달라질 거고요. 단어 고유의 이미지와 단어와 단어의 이미지가 부딪혀서 새로운 이미지가 만들어집니다. 우리 내부에 쌓여 있는 개인적인 체험도 중요한 역할을 할 것이고 어떤 문화권의 어떤 민족이냐에 따라, 집단 무의식에서 비롯된 각기 다른 감각이 발산되겠죠.

"행간을 읽어야지, 이 사람아"라는 말 종종 쓰죠. 눈치 없는 사람들에게 하는 말이에요. 저요. 단어와 단어 사이에는 행간이 만들어지고 이미지가 충돌하거나 진동하며 감정을 만들어 내지요. 나무와 구름과 바람의 원형적 이미지, 개인적 경험 때문에 만들어진 이미지, 추체험으로 발생한 상상적 이미지 등이 순간적으로 조합되어 각자의 이미지로 떠오를 거예요.

인디밴드 작명과 관련한 유머가 있었죠. 전혀 무관한 두 개의 단어를 붙이면 인디밴드 이름이 된다는 이야기. '스웨덴 세탁소', '참깨와 솜사탕', '그네와 꽃', '달빛요정 역전만루홈런' 같은 특이한 밴드명이 많은 걸 보면 사실인가 봅니다. 왜 이렇게 이름을 지었을까요? 이질감 있는 두 개 단어가 부딪혀 낯선 감정을 불러일으키기 때문이겠죠.

제가 낭독 그룹을 만들면 '짬뽕 낭독'이란 이름으로 활동해 보고 싶네요. 아무 글이나 막 섞어 읽는 낭독 모임이 되겠네요. '짜장 낭독'이 나으려나. 아무튼 시인들은 이런 단어의 질감을 계산하고 시를 쓴다고 해요. 어릴 적 '가을'이 제목인 시를 찾았는데 전혀 다른 내용으로 적혀 있어 배신감을 느낀 적이 있습니다. 돌이켜 보면 아마도 시인의 계산이 있었을 겁니다. 제목과 본문의 이질감으로 감정의 파장을 만들려는 의도였겠죠. 시는 '사이'의 예술이기도 한데 낭독도 그렇습니다. 칠해진 부분만큼 칠하지 않은 부분도 중요하니까요.

🌀 세 단어 순서를 바꾸어 읽어 보기
나무, 구름, 바람, 벚꽃, 하늘, 사랑

앞서 단어와 단어가 어떻게 놓이느냐에 따라 '사이'에서 감정이 생겨난다고 말씀드렸어요. 이제 단어를 가지고 놀아 보세요. 나무의 종류가 많듯 '구름'과 '바람'의 이름이 다양하듯 사랑도 첫사랑, 영원한 사랑, 부모와 자식 간의 사랑, 불륜, 이건 빼고. 다양한 의미의 결에 맞게 발음해 보는 연습이 필요합니다. 무작위로 세 개의 단어를 골라서 빠르게, 느리게, 천천히, 어떤 단어는 크게 소리 내어서, 어떤 단어는 속삭이듯, 단어 사이를 끊어서, 이어서, 세 단어에 조합해서 놀아 보세요. 놀아야 즐겁고 즐거워야 진도가 나갑니다. 기억해 주세요. 낭독은 느낌이에요. 느낌. 그러나 느끼하지 않은 느낌입니다.

📝 여러분이 좋아하는 단어를 골라 밑줄 치고 읽어 보세요. 처음 눈에 들어오는 단어 세 개가 올해 여러분의 단어입니다.

안 궁 안 물 첫 눈 박 복 대
녕 대 박 사 랑 우 정 방 탄
연 인 울 화 눈 박 복 대 리
애 여 행 복 수 잉 여 박 수
합 격 파 리 듬 여 름 복 발

낭독일기

그 남자의 전화 낭독

남자는 좋은 문장들을 모아 두었다. 여자에게 읽어 주기 위해서였다. 연인 간의 통화는 길어도 지루함이 없지만 종종 이야기가 끊어지면 스마트 폰에 적어둔 문장들을 남자는 읽어 주었다고 했다. 그 남자는 목소리가 특별히 좋은 것도 아니었다. 발음도 평범했다. 때로 더듬어 읽기도 했지만, 여자는 그 소리가 그렇게 좋았다고 했다. 문장의 뜻도 좋았지만 단지 수화기를 건너오는 소리에 매료되었다고 한다. 밤의 전화기를 넘어가는 문장과 문장에 담겼을 남자의 마음과 문장이 여자의 마음으로 번지는 장면을 떠올려 본다. 그것은 무엇이 되어 여자의 마음속에 남았을까. 지금은 헤어졌지만, 어떤 밤이 오면, 남자도 여자도 전화로 오갔던 그 소리들을 떠올릴 것이다. 고즈넉한 밤 시간을 통과해 간, 소리가 된 문장들은 모두 어디로 사라졌을까. 내내 궁금한 일이다.

Day Mission

04

'밥'과 '똥'을 다양한 의미로
발음해 볼까요?

언어란 대단합니다. 같은 표기의 단어를 어떻게 읽느냐에 따라 뜻이 바뀌기도 하니까요. 우리가 잘 아는 두 개의 단어를 볼까요. 눈:^{snow}과 눈^{eyes}, 밤^{night}과 밤:^{chestnut}은 길이로 뜻이 달라지는데 우리말에는 이런 단어들이 꽤 많습니다. 동형이의어라고 하는데 보통 발음으로 구분하죠. 어려운 이야기니 좀 미뤄 둘게요. 단어의 길이나 음의 높이 말고도 표현하는 억양과 느낌을 어떻게 주느냐에 따라, 단어 하나가 온전히 문장이 되기도 합니다.

● 밥

① (어미를 살짝 내림) '밥은 먹었니?'라는 뜻.

② (어미를 올림) '밥은 먹었냐고?'라는 반문의 뜻.

③ (강하고 짧게) 배가 많이 고프니 '밥'을 달라는 뜻. 주로 엄마만 보면 하는 말.

④ (바:압 하고 어미는 살짝 올림) '아, 밥은 먹었지.'

⑤ (바아아압 하고 소리는 크게, 어미는 강하게 올림) '밥 같은 소리 하고 있네. 바빠 죽겠는데 밥은 무슨 밥.'

● 똥

① (짧게 끊어서 크고 강하게) 바닥에 똥 조심해.
② (강하게 어미를 올림) 뭐 이런 상황에서 똥이 마렵다고?
③ (평톤으로 강하고 짧게) 그래, 나 진짜 대변이 급하단 말이야.

이런 대화도 가능하겠죠.

수지: 똥(어미를 살짝 올림) 너 혹시 똥 마렵니?
슈가: 똥(소리를 작게, 어미를 내림) 맞아, 똥 마려워.
수현: 똥(또오오옹 하고 강하게 어미를 올림)
　　　뭐 이런 상황에서 정말 똥이 마렵다고?

더럽고, 억지다 싶게 이런 예를 든 건, 단어 하나에도 감정을 담을 수 있다는 것을 알려 드리고 싶어서예요. 똥 얘기를 하고 나니 잠시 다녀올 곳이 생각났네요. 이만.

Tip 오늘 팁은 '돈'입니다

'돈'으로 몇 개의 의미가 만들어지는지 연습해 보세요. '돈'이 팁입니다.

낭독일기

파업과 시인

 시간이 남았다. 파업은 길어졌다. 밥벌이란 쉽지 않구나 생각했다. 집회가 없는 시간 대부분 시를 썼다. 마음 둘 곳이 필요했다. 마음에 작은 균열들이 생겨났다. 깨어지기 일보 직전이었다. 쌓여 가는 나쁜 에너지를 좋은 에너지로 치환해 내고자 안달했다. 시에 집착했다. 언제 끝날지 모르는 파업과 시를 쓸 때마다 오는 열등감으로 지쳐 갔다. 그때마다 떠올린 건 첫 시집이 나올 때의 기분이었다. 등단도 하기 전에 등단의 기쁨 너머에 있는 일을 생각했으니 김칫국을 마셔도 과하게 마신 셈이다. 막연해도, 가망 없어도 희망이 필요하던 시절이었다.

 열댓 명 남짓의 아나운서들이 평양냉면을 먹으러 필동에 모였다. 집회가 없으니 여유롭게 한담이나 하자고 만든 자리였다. 그때 전화 한 통을 받았다. 현대문학 신인상 당선 전화였다. 눈치 빠른 방송장이들이 모인 자리라 최승돈 아나운서가 재빨리 아이패드를 꺼내 촬영을 시작했다. 이렇게 유례없이 등단 장면 기록이 시작됐다. 보통 다른 이들의 등단 수기를 보면 혼자 있을 때 연락을 받는다는데, 많은 이들에 둘러싸여 축하 받고 기록까지 남는 일은 드물다. 녹화된 영상 파일은 아직도 클릭해 볼 용기가 나지 않는다. 바보처럼 놀라고 좋아하고 살짝 눈물까지 보이는 모습을 다시 보는 건 열없으니까.

 진짜 시인이 되는 것은 등단이 아니라 첫 시집이 나올 때라고 생각했다. 첫 시집이 나오기까지 많은 이들의 도움을 받았고 우여곡절도 많았지만 즐거움이 컸다. 순서를 정하고, 시들을 엮는 일이 특히 재미있었다. 막상 시집이 나왔을 때 나는 출장 중이었다. 다큐멘터리 「원효, 돌아보다」의 막바지 촬영으로 서울에 없었다. SNS에 올라온 시집 사진을 보고 어디서 구했냐는 웃픈 질문을 보내기도 했다. 서운했다. 시집을 먼저 보지 못한 이유 때문만은 아니었다. 나의 시가 더는 나만의 시가 아니게 되는 이별의 순간이 시작되었기 때문이다. 탈탈 털어 시집을 묶었으니, 이제 시 한 편 없는 '시詩 거지'로 다시 시작해야 하는 한 사람의 두려움과 허무함이 거기 있었다.

 시집을 내고 나니 라디오 출연이나 낭독회를 할 기회가

생겼다. 라디오 출연이야 일상이다 보니 별 감흥이 없었지만, 낭독회는 기대되었다. 좋아하는 아이를 초청한 생일 파티를 기다리는 기분이랄까. 내가 좋아하는 남산 중턱에 있는 작은 서점에서였다. 낭독회에서 기대했던 건, 내가 읽는 시에 감동하는 사람들을 보고 뿌듯해하는 일이 아니었다. 남이 읽어 주는 내 시의 느낌을 경험하는 일이었다. 낭독이란 텍스트를 통해 자신이 이해한 세계를 수줍게 보여 주는 것이니까. 다른 사람이 이해하는 나의 시가 어떤 느낌인지 간절히 듣고 싶었다. 어떤 시가 좋았어요? 난해한가요? 제 시는 어떤 느낌인가요? 라고 묻지 않고 타인의 낭독으로 이해할 수 있다고 생각했다. 오히려 그것이 정확한 감상 소감이라 믿었다. 비좁게 붙어 앉아 오가는 낭독에 마음이 뜨거워졌다. 늦가을이 남산을 넘고 있었다. 바람은 더욱 차지고, 그날 그렇게 나는 진짜 시인이 되었다.

Day Mission

05

단어를 강조해
문장의 의미를 바꿔 봅시다

나는 지민이가 술집 주인인 줄 알았어. 이 문장은 어떤 뜻일까요? 보나마나 여래 개의 뜻이니 물어봤겠죠. 그럼 몇 개의 뜻으로 나뉠까요? 생각보다 많답니다. 읽는 방법에 따라서 말이죠. 한번 맞혀 보시겠어요?

① 나는 **지민이가** 술집 주인인 줄 알았어
: 원래 다른 사람이 주인인데 지민이가 주인인 줄로 착각했다.

② 나는 지민이가 **술집** 주인인 줄 알았어
: 지민이는 다른 가게의 주인인데 술집 주인인 줄로 착각했다.

③ 나는 지민이가 술집 **주인인** 줄 알았어
: 지민이는 점원인데 주인인 줄로 착각했다.

④ 나는 지민이가 술집 주인인 줄 **알았어**
: 나는 지민이가 술집 주인인 줄 이미 알고 있었다.

부럽습니다. 술집 주인이라니. 이런 문장은 꽤 많이 있습니다. 이름은 기억 안 나는데 악센트 게임인가요? 단어의 음절을 하나씩 강조하는 게임이 있죠. 이를테면 **모**나리자, 모**나**리자, 모나**리**자, 모나리**자**처럼 한 음절씩 순서대로 강조하는 게임이요. 게임에서는 톤이 과장되어 소리만 달라지지만, 어떤 말에 힘을 주는지에 따라, 위의 예처럼 의미는 완전히 달라집니다. 문맥에 따라 달라지는 때도 있습니다. 가령, '그날 밤은 유독 달이 밝았다'라는 문장이 있다고 합시다. 너무나 평범한 문장입니다. 하지만 앞뒤에 어떤 문장이 놓이느냐에 따라 그 의미는 달라지고, 읽는 방법도 달라지겠죠.

① **그날 밤은 유독 달이 밝았다.** 유난히 달을 좋아하던 그녀가 생각났다.
  : 달이 밝아서 달을 좋아하는 그녀가 생각나게 되는 예감의 문장이죠.

② **그날 밤은 유독 달이 밝았다.** 그럼에도 야음을 틈타 그의 집에 도둑이 들었다.
  : 나쁜 일이 일어날 전조를 보여 줍니다.

③ **그날 밤은 유독 달이 밝았다.** 망원경으로 달을 관찰하기 좋은 날이었다.

: 관찰하기에 달이 밝았다는 사실을 열거한 내용입니다.

④ 그를 만나고 돌아가는 **그날 밤은 유독 달이 밝았다.**

: 사랑이 시작되리라는 복선을 보여 주는 문장입니다.

같은 문장이지만 문맥에 따라, 앞뒤에 오는 말에 따라 낭독의 감정은 달라져야 합니다. 조금 다른 이야기지만 일본의 문호 나쓰메 소세키夏目漱石가 생각나네요. 'I love you'를 어떻게 번역할지 물어보는 학생 앞에서 '달이 참 예쁘네요'는 어떠냐고 고민 끝에 제안한 그의 이야기 말입니다. '사랑'이란 영어 단어가 익숙하지 않았던 당시 정황을 고려하면 적절한 번역이란 생각도 듭니다. 시대에 따라 단어는 의미의 뉘앙스가 바뀌기도 하죠. 예전에 '섹시하다'를 성적인 의미로 강하게 받아들였다면, 요즘엔 예쁘다, 도발적이다 정도의 느낌으로 바뀌었죠. 오늘은 달이 밝아 이만 줄이면서 달 이야기가 나온 김에 사전에서 달, 해, 별과 관련된 말들을 찾아봤어요. 맘에 드는 단어를 다양한 방식으로 읽어 보아요.

동살	해가 돋기 전 푸르스름하게 번지는 빛
볕뉘	햇볕의 그림자
햇귀	해돋이 때 처음 비치는 빛
햇덧	덧없이 짧아지는 가을 해가 지는 시간
여혜	별처럼 온화하다
규린	맑은 별
닻별	카시오페이아
살별	혜성
서월	새벽달
지샌달	동이 트고 서쪽에 보이는 달
사월	춤추는 달의 언덕
윤슬	달빛을 받아 반짝이는 잔물결*

뜻을 몰라도 단어가 입안에서 구르는 느낌이 좋지 않나요? 『물은 답을 알고 있다』라는 책이 화제가 된 적 있죠. 세간에 작은 논쟁도 있었지만 흥미롭게 읽은 기억이 있습니다. 물에 다양한 말과 음악을 들려주고 현미경으로 물의 결정을 관찰해 사진으로 보여 준 책인데, 좋은 말을 하면 예쁜 모양이 되고, 나쁜 말을 하면 결정의 모양이 기괴했어요.

* 박용수, 『우리말 갈래 사전』, 서울대학교 출판부, 2002.

우리 몸의 70퍼센트를 구성하는 것이 물이라고 하는데요. 가설이지만 기분 좋은 말을 듣고, 양질의 문장을 스스로에게 읽어 준다면 몸속의 물 결정들이 분명 좋은 쪽으로 반응하리라 생각합니다. 이런 실험도 있었죠. 식물 두 개를 동시에 키우면서 한쪽에는 "사랑해", 다른 한쪽에는 "미워해"라고 하면 식물이 어떻게 자라는지 관찰하는 내용이요. 얼마 전 한 후배가 실제로 실험을 해서 SNS에 사진을 올렸는데 "미워"라고 말한 쪽이 두 배 가까이 무럭무럭 잘 자랐더군요. 어쩌나.

여러분, 라온하제 (즐거운 내일)!

낭독일기

경연하는 낭독

 주저하다 여행 삼자 싶어 흔쾌히 수락했다. 낭독대회 심사를 위해 바다가 있는 먼 남쪽으로 갔다. 붐비는 사람들에 놀랐고, 다양한 나잇대에 놀랐다. 초등학생부터 노인들까지 준비한 시를 중얼대며 긴장을 지우고 있었다. 예상했지만 생각보다 어려웠다. 세 시간 가까운 심사 시간 동안 나는 괴로웠다. 긴 시간 청각을 곤두세우는 일이어서기도 했지만, 청자가 개입할 여지가 없는 웅변 유의 낭독이 주였기 때문이다. 끊어 읽기를 잘 못해서 의미가 바뀌어 버린 낭독을 하는 경우도 있었다. 서툴러도 진심 어리게 낭독해 내가 점수를 후하게 준 몇몇 사람들은 시상대에 서지 못했다.
 목적과 텍스트의 종류에 따라, 사람에 따라 다양한 낭독이 가능하겠지만 내가 생각하는 좋은 낭독은 내가 우는 것이 아니라 남을 울리는 일이었으니 낭독대회 내내 괴리감이 컸다. 대회장을 빠져 나와 회에 소주 한 잔을 털어 넣고 생각했다. 낭독을 오해하는 사람들이 많다는 것을, 그리고 다음 잔을 털어 넣으며 생각했다. 그래도 요즘 같은 세상에 시와 낭독을 좋아하는 사람들이 있다니 귀하고 귀한 일이 구나. 바다 앞에선 매번 마음이 순해졌다. 그 날 밤은 유독 달이 밝았다.

Day Mission

06

낭독 기호 익히기와 한 줄 낭독하기

∨ / // ^ – ↗ ↘

단어에서 문장으로 가 봅니다. 피아노 바이엘 하권에서 체르니 100번으로 가는 겁니다. 단 한 줄이지만 여러 번 다양한 방식으로 반복해서 문장의 느낌을 만들어 봅시다. 한 줄을 잘 낭독할 수 있다면, 두 줄 석 줄짜리 글들도 소화할 수 있습니다. 단어, 짧은 문장, 긴 문장 모두 읽는 원리는 같다는 사실. 기억하시길 바랍니다.

   피 있는 자에게만 멍은 생겨난다.

멋진 문구네요. 문구가 아니라 시 전문입니다. 「敵들에게」라는 제 시죠. 놀라셨나 봅니다만 제가 시인입니다. 가끔 저도 놀라요. 첫 시집 『사람은 모두 울고 난 얼굴』(민음사)에 수록된 시입니다. 구독과 좋아요, 아니 구매와 애독 부탁합니다. 이래서 제가 적이 많아요. 눈치도 없고 호불호가 강한데다 성정이 괴팍한 구석이 있어 안팎으로 적을 많이 모았네요. 돈을 모아야 하는데. 이 시, 무슨 의미일까요? 제 시를 설명하는 것이니 너무 길어질 것 같아서 접어 두고 일반적인 화자를 내세워 이야기를 요약해 볼게요.

　화자 A는 무기력에 빠져 있었나 봅니다. 정치적인 상황의 영향 때문인 듯합니다. 사회 전반에 패배주의의 안개가 자욱하던 때, 이곳저곳에서 마음을 얻어맞으면서도 할 말은 하겠다는 심사였나 봅니다. '피'가 인간을 인간이게 하는 어떤 마음을 말한다면, '멍'은 외부 자극으로 인해 생겨난 상처일 텐데, '피'도 눈물도 없는 나쁜 인간들아, 우리는 인간이라 멍이 생기는 거라고 자조하는 말일지도 모릅니다. 사실 저도 잘 모릅니다. 낭독하기 전에 할 일이 하나 있습니다. 낭독은 음악의 한 장르와 같다고 말씀드렸는데, 악보 표기하는 법을 잠시 알려 드릴게요. 짧게 설명하고 뒤에서 자세히 설명하겠습니다.

Tip

ˇ	짧게 끊을 때
/	큰 맥락으로 길게 끊을 때
//	더 크게 쉬어 가고 싶을 때
^	이어서 읽는다
-	자연스럽게 이어서 갈 때
↗	어미를 올린다
↘	어미를 내린다

敵들에게 /

피 / 있는 / 자에게만 / 멍은 / 생겨난다. /

일단 끊을 수 있는 부분에 모두 표시를 했는데 끊지 않을 부분부터 걷어내 볼까요. **피**에서 끊으면 어떤가요? **있는**과 떨어지면 조금 어색하죠. 그럼 패스. **피 있는**에서 끊으면 어떤가요? 뒤에 따라오는 **자에게만**의 연결이 좀 걸리죠. 한 호흡을 쉬면, 다음에 오는 단어들은 자연스레 강조되기 마련인데 불필요하게 **자에게만**이 강조되면서 문장이 어색해질 수 있겠네요. 그렇다면 **피 있는 자에게만**은 붙여서 읽는 거로 하죠. 여기서 **멍은** 띄고 **생겨난다**라고 읽을 것인가 아니면 **멍은 생겨난다**라고 붙여 읽을 것인가 하는 건 여러분의 생각에 따라서 하시면 됩니다. 얼마나 쉴지도 마찬가지고요. 앞서 말씀드렸듯이 끊어 읽을 때 한 번 쉬고 읽게 되는 다음 말은 자연스레 강조가 됩니다. **멍은** 띄고 **생겨난다**라고 읽으면 생겨나는 행위에 집중하게 되는 것이고, 그냥 이어서 읽어 본다면 평면적이지만 담백한 낭독이 될 겁니다. 여기에 조금은 비장한 감정을 둘 것인가 아니면 감정을 배제하고 읽을 것인가도 생각해 봐야겠죠. 감정을 절제해서 읽을 때 문장의 의미가 선명해지고 확장될 수 있습니다. 낭독자는 내가 우는 사람이 아니라 남을 울리는 사람이 되어야 하니까요. 좋은 말이네요.

🌀 어떻게 읽을지 여러분이 골라 보세요.
피 있는 자에게만 / 멍은 ˘ 생겨난다.
피 있는 자에게만 / 멍은 생겨난다.

낭독일기

배드 뉴스

뉴스 잘한다는 이야기를 종종 듣지만, 뉴스가 싫어진 지 오래다. 주어진 원고를 전달하는 것이니 아나운서가 하고 싶은 이야기를 못 하는 것은 당연하다. 청취자에게 오해를 주거나 사건의 핵심이 소거된 뉴스를 읽고 싶지는 않았다. 자신의 문재(文才)로 일본 찬양 시를 쓰는 시인 기분이랄까. 그런 시절이 있었다. 뉴스가 싫었다. 정확한 발음과 좋은 목소리로 사람들을 속여 온 느낌이다. 공범자들의 변명은 대개 "시켜서 했어요"였다. 그런 시절이 있었다. 오래였고 쉽게 끝나지 않았다. 광화문 네거리 노란 리본 앞을 지날 때마다 땅을 보며 걸었다. 이제 이상한 뉴스도 드물고 노란 리본 세월호 천막도 사라졌지만 나는 남아 있다. 다들 몇 년 새 뭔가 나아졌다는데 그게 뭔지 잘 모르겠다.

Day Mission

07

はいく

두 줄 같은 한 줄, 하이쿠 낭독하기

はいく

오늘은 두 줄짜리 문장을 낭독할 줄 아셨죠? 오늘도 한 줄입니다. 한 줄이지만 행간이 넓어, 두 줄 이상을 읽는 것만큼 신경써야 하는 문장이라 골라봤습니다. 짧은 시 하면 '하이쿠'를 떠올리는 분들이 많을 겁니다. 하이쿠 하면 대개 일본 에도 시대의 시인 마쓰오 바쇼松尾芭蕉를 떠올릴 텐데, 저도 좋아하는 문인입니다. 아무 말이나 하고 '오스카 와일드'의 이름을 끝에 붙여 명언인 양 말하는 놀이가 유행한 적이 있지요. "마시고 죽자, 우리에게 내일은 없다. - 오스카 와일드" 이런 식이죠. 마찬가지로 한 문장 대충 만들고 '바쇼'라고 해도 확인할 수 있는 사람은 별로 없을 겁니다. 하이쿠는 5·7·5의 17음音 형식으로 이루어진 일본의 짧은 시예요. 세상에서 제일 짧은 정형시가 아닐까요. 짧지만 깊은 의미를 담고 있는 잠언 같은 시라 즐겨 읽는 분들이 많습니다. 짧아서 더욱 여운이 남죠. 바쇼의 여름 하이쿠 한 편을 가져왔습니다.

閑さや 巖にしみ入る 蝉の声
(しずか) (いわ) (い) (せみ こえ)

적막이여 바위에 스며드는 매미의 소리

　여름 산사는 적요하고 매미는 시끄러우니 대비되는 이미지입니다. 마찬가지로 산사에 사는 스님들은 성性과 속俗에서 물러난 사람들인데, 매미는 짝짓기를 위해 세차게 울고 있으니 이 또한 대비되는 지점입니다. 다양한 해석도 가능할 텐데, 매미의 소리 뒤에 올 적막을 말한 것인지도 모르겠네요. 고요 속에서 고요는 일상이지만 시끄러움 뒤의 고요는 더욱 도드라지는 적막감을 남기게 되니까요. 혹은 매미 소리처럼 울창한 소리도 바위에 흡수될 만큼 크고 깊은 적막을 반어적으로 표현한 것일지도 모르겠고요. 해석이란 이렇게 생각의 그림자를 남깁니다.

　적막이여에서 **-이여**는 호명입니다. 적막을 부르는 아슴푸레한 마음을 생각해 보죠. 바쇼는 도호쿠 지방의 류샤쿠지立石寺라는 사찰에서 이 시를 지었다고 합니다. 적막이 깊어 매미 소리조차 절을 둘러싼 바위가 흡수해 버릴 정도인 걸까요? 산사의 적막을 뚫고 깨달음처럼 당도하는 매미 소리를 말하고자 한 것일까요? 늘 그렇듯 해석은 여러분의 몫입니다. 저라면 이렇게 끊어 읽어 볼 것 같습니다.

적막이여 // 바위에 스며드는 / 매미의 ˇ소리

적막이여라고 적막을 부른 뒤에 오래 쉬어 주고, 류사쿠지 산사 주변의 바위를 울리며 스며드는 매미 소리를 덤덤히 말해 주는 것이죠. **적막이여**라고 낭독하고 커피 한잔 마시고 산책 후 돌아와 **바위에** 이후의 문장을 읽어도 됩니다. 낭독에는 답이 없습니다. 어떤 방식이든 자신만의 논리와 감성만 있다면 가능하죠. **매미의 ˇ소리**를 살짝 끊어 읽고자 한 것은 소리를 강조하고 싶어서예요. 적막의 반대편에는 소리가 있으니까요. 아주 작은 소리도 적막 속에서는 크게 들리겠죠. **소리**라는 단어를 돋들리게 해서 **적막**과 대비를 보이고 싶었어요. 불교철학의 공空 개념이랄까요? 사실 적막과 소리는 떼려야 뗄 수 없는 관계죠. 적막이 있어야 소리가 존재하고, 소리가 있어야 적막이 존재하는 것이니까요. 색즉시공 色卽是空 공즉시색 空卽是色.

> **Tip** 오늘은 팁 아니고 상식 공부예요
>
> 우리에게 익숙한 '색즉시공 공즉시색'은 누가 처음 한 말일까요? 어떤 뜻인지는 어려우니 검색해 보시고요. 일찍이 '구마라집鳩摩羅什'이라는 분이 계셨습니다. 압축하고 싶은 이름이군요. 너 불경이냐 나 승려야 하며 불경마다 해석하는데 무려 300권이 넘고, 현장법사보다 200여 년이나 먼저 중국에 불경을 해석해 전파했다는 스님입니다. 제자만 3,000여 명에 파계도 두 번이나 했다는군요. 쿨럭. 신장웨이우얼 자치구 쿠차 지역 키질 석굴 앞에 그의 동상이 있습니다. 다큐멘터리 촬영 때문에 방문한 적이 있는데 그때 알게 되었어요. 색즉시공 공즉시색으로 불교의 핵심 개념인 공空을 설명한 천재 고승이 바로 구마라집입니다. 낭독과 관련도 없는 이야기는 왜 자꾸 하느냐고요? 저도 여러분께 낭독을 전파하는 구마라집 같은 사람이 되고 싶어서입니다. 자꾸 불교 이야기를 하니까 은근슬쩍 포교하는 줄 아시는 분이 계실지 모르겠습니다. 저 불교 아닙니다.

낭독일기

스튜디오 S

스튜디오는 가장 조용한 공간이다. 밖에서 오는 모든 소리를 차단하는 동시에 가장 큰 소리를 만든다. 모순의 공간이다. 고성능 마이크는 미세한 소리까지 흡수한다. 원고를 넘길 때 작은 소리 하나도 감추려고 손을 천천히 움직인다. 거친 숨소리를 숨기기 위한 노하우도 있다. 목소리는 마이크 떨림판에 흡수되고 앰프를 통해 증폭되어 전파를 타고 세상으로 퍼져간다. 정시가 되면 라디오에 주파수를 맞춘 모든 사람에게 나의 목소리는 전달된다. 수천수만 개의 스피커에 내 목소리가 편재한다. 언젠가, 퇴근하다 차를 돌려 서해로 향한 적이 있다. 작은 바닷가 마을에서 석양을 보고 있었는데 해변에 설치된 스피커로 뉴스가 흘러나왔다. 뉴스 진행자는 알고 있었을까. 자신의 목소리가 노을 지는 바닷가에 도착해 울림이 된다는 것을. 석양의 아름다움과 적막에 스미는 뉴스의 어지러운 말들은 불륜 같았다.

Day Mission

08

○ □ △ ☆ ❀

반복되는 단어를
다른 느낌으로 읽어 보세요

○ □ △ ☆ ✿

또 제 시를 들고 왔네요. 이 시로 말씀드릴 것 같으면, 저작권에서 자유로운 시로서….

> 우는 사람이 우는 사람을 달래고 있었네
> 떨림이 떨림을 포개어
> 제자리로 힘을 돌려놓을 때
> •「오하이오 오키나와」에서

원문을 읽어 보시면 이해하는 데 도움이 되실 겁니다. 인터넷 조각 글로 보시면 아니 됩니다. 절대 이해가 안 될 겁니다. 꼭 구매해서 책으로 보셔야 이해됩니다.

> 이상협의 첫 시집 『사람은 모두 울고 난 얼굴』
> '전 세계의 슬픔을 통역하고 우는 사람의 등을 안으며 쓰는 초월과 포용의 시'
> 정가 9,000원. 인터넷 가 8,100원. 도서출판 민음사.

중간 광고였어요. 요즘 드라마에서도 하던데. 우는 사람 곁으로 간 한 사람이 함께 울고 있습니다. 말로 건네는 위로가 아니라 함께 울어 주는 행위로 위로를 건네는 사람입니다. 들썩이는 몸의 떨림과 떨림이 만나 슬픔이 잦아들고 서로가 서로에게 위로가 되는 풍경을 그려 봤습니다. 파동의 모양이 반대인 사인파와 코사인파가 합쳐지면 파동은 0으로 수렴되어 직선이 되는 모습을 생각해 보시면 이해가 쉬울 겁니다. 어려우면 수포자(제가 고등학교 이과 출신입니다). 슬픔의 에너지가 다른 슬픔의 에너지로 상쇄되는 모습이죠. 위로란 조언이 아니라 함께 울어 주는 것일 터. 다 울고 조용히, 차가운 술을 뜨겁게 나누어 마시는 일이 진정한 위로 아닐까 싶습니다. 저자의 뜻깊고 친절한 설명으로 이번 텍스트를 읽는 태도에 관해 힌트를 얻으셨으리라 믿습니다.

우는 사람이 / 우는 사람을 달래고 ˇ 있었네

반복되는 두 단어 **우는 사람**은 겹치지 않게 한 번 끊어 주고, 생각할 공간을 만들어 줍니다. 여기서 달랜다는 행위를 강조하고 싶다면 **달래고**와 **있었네** 부분을 살짝 끊어도 좋겠습니다. 두 번 등장하는 **우는 사람**은 어조나 톤 변화를 주어서 살짝 다르게 읽는 것도 필요합니다. 낭독의 세계는 미세한 소리로 만들어진 미분음의 세계라 노래와는 또 다르고 어렵게 느껴질 수도 있지만, 마음으로 읽는다면 저절로 목소리는 움직일 겁니다.

떨림이 ^ 떨림을 포개어

위 문장과 구조가 비슷합니다. 같은 단어가 반복되지요. **우는 사람**은 곧 **떨림**입니다. 함께 들썩이며 우는 사람이 우는 사람을 안아 주는 모습이니까요. 이번에는 **떨림이**에서 어미를 살짝 올리며 다음 **떨림**으로 이어가 볼까요? 앞서 끊었으니 이번엔 살짝 붙여 **포개어**까지 한 번에 이어가는 게 좋을 것 같아요. 그리고 첫 문장과 맥락이 이어지는 것이니 두 문장을 크게 쉬지 않고 살짝만 쉬어서 이어가듯 붙여서 읽어 보겠습니다.

/ 제자리로 / 힘을 돌려놓을 때

힘은 무엇일까요? 히, 히스, 힘? 아니죠. 슬픔에서 비롯된 북받치는 감정입니다. 그걸 서로의 떨림으로 상쇄해 제자리로 되돌려 놓는 장면입니다. 앞의 두 문장이 이어졌다면 이번에는 한 번 쉬어서 국면을 전환하고 이어갑니다. **제자리로**라는 단어로 분위기를 바꾸는 것이니 살리기 위해 앞

뒤 다 끊어서 읽어 보겠습니다. 본문에서 시는 이어지지만, 여운을 남기고 끝나는 느낌도 나쁘지 않군요. 뒷장면을 각기 상상해 보시는 것도 좋을 것 같아요.

- 완성된 악보

    우는 사람이 / 우는 사람을 달래고 ˘ 있었네^
    떨림이^떨림을 포개어
    / 제자리로 / 힘을 돌려놓을 때

Tip ASMR이 유행입니다

'자율 감각 쾌락 반응Autonomous Sensory Meridian Response'의 약자라는데 영어는 늘 어렵군요. 주로 청각을 중심으로 시각, 청각, 촉각, 후각, 인지 자극에 반응하여 나타나는 심리적 안정감이나 쾌감 같은 감각적 경험이라고 합니다. 요즘엔 광고나 방송 프로그램까지 확장 중인데요. 전문 마이크까지 이용하더군요. 잘 모르시는 분은 인터넷 서핑을 통해 찾아 보세요. 너무나 많은 영상이 있어 놀라실 겁니다. 야한 것도 있고요. ASMR로 방송하는 사람들은 목소리를 속삭입니다. 속삭인다는 건 성대를 거의 울리지 않는 목소리를 말하죠. 마치 바람이 말을 건네듯 이야기합니다. 속삭임이라는 단어의 발음도 속삭이는 느낌이네요. 음악 오디션 프로그램에서 심사위원 한 사람이 참가자에게 공기 반 목소리 반이라고 하는 말을 들은 적 있는데, 낭독에선 장점이 될 수 있어요. 고정관념 때문에 낭독할 때 너무 울림을 가지고 읽으려 하진 않았는지, 좋은 소리를 내는 데 신경 쓰다 보니 문맥을 놓친 낭독을 하게 되진 않았는지 생각해 볼 일입니다. 오히려 속삭이듯 낭독을 시작해 조금씩 단어에 어울리는 울림들을 만드는 연습을 해 보세요. 낭독에는 답이 없습니다.*

---

* 저자도 답 없는 사람입니다.

낭독일기

나를 듣는 오키나와

  추울 때 생각나는 여행지는 두 종류다. 더 추운 곳과 따뜻한 곳. 더운 곳이 생각나지 않는 건 이상하지만 추울 때는 더 춥거나 따뜻한 곳을 떠올린다. 더 추운 곳의 후보지는 핀란드의 로바니에미, 러시아의 상트페테르부르크, 아이슬란드의 레이캬비크, 홋카이도의 오타루. 아직 겨울에 가 보진 못했다. 따뜻한 곳 중 간절한 장소는 일본 남쪽의 오키나와 섬이다. 등단한 해의 마지막 날을 오키나와에서 보냈다. 적당히 낡은 거리, 적당히 따뜻한 기온 그리고 적당한 여행 경비. 적당함을 찾는 일은 쉽지 않다. 다양한 희망사항이 퍼즐처럼 잘 맞물린 곳에 적당함이 있다. 적당함은 적당히 얻을 수 있는 것이 아니었다. 오키나와의 첫 여행을 마치고 나는 「오하이오 오키나와」라는 적당히 맘에 드는 시를 얻었다.

  오키나와에 두 번째 간 것은 6년 만이었다. 선우와 나는 봄을 벌기 위해 그곳에 갔다. 날씨는 좋지 않았지만, 봄가

반복되는 단어를 다른 느낌으로 읽어 보세요

을이 짧아지는 모국에 살고 있으니 봄의 길이를 늘이는 일만으로도 매력적이었다. 작고 노란 차를 빌려 이곳저곳을 다녔다. 특별한 계획 없이 느긋하게 바다나 바라보는 시간을 많이 보내자고 떠난 여행이었다. 오키나와 남서부 헨자 섬을 거쳐 미야기 섬을 지나 말단에 있는 이케이 섬으로 갔다. 섬 끝에서 선우와 바다를 오래 보았다. 바다는 적당히 푸르고 바람도 적당했다. 늘 무엇 하나가 넘치거나 부족한 삶에서 적당한 시간을 만나는 건 드문 일이었다.

　적당한 빛이 모이는 오후 세 시의 바다 쪽으로 세운 카메라 뒤에서 나는 나의 시를 읽기 시작했다. "추운 비행기를 타고 나는"으로 시작하는 「오하이오 오키나와」였다. 단어와 단어 사이를 파도 소리가 채워 주었다. 나의 목소리를 실은 공기는 바람에 미세하게 흔들렸다. 그 작은 떨림들이 마이크를 타고 바다와 함께 기록되었을 것이다. 나는 아주 작게작게 시를 속삭였다. 바닷소리가 더 크게 담기도록, 바람소리가 더 크게 들리도록, 시는 들리다 이내 사라지길 바랐다. 나는 나의 시를 오키나와의 바다에 돌려 주는 중이었다. 녹화된 영상은 아직 보지 않았다. 내가 나를 견디기 힘든 날이 오면 꺼내 볼 것이다. 누구에게도 보여 주지 않을 것이다. 비밀 낭독 하나를 숨겨 두고 산다.

Day Mission

09

소리를 크게 그리고 작게 낭독해 봅시다

To see a world in a grain of sand

And a heaven in a wild flower,

Hold infinity in the palm of your hand

And eternity in an hour

한 알의 모래에서 우주를 보고

한 송이 들꽃에서 천국을 보려면

한 줌 손안에서 무한을 잡고

찰나 속에서 영원을 붙잡아라

- 「순수의 전조」에서

이 시는 윌리엄 블레이크William Blake의 「순수의 전조Auguries of Innocence」 첫 구절입니다. 이제 영시英詩까지 등장하네요. 스티브 잡스가 사랑한 시로 잘 알려져 있죠. 아이디어가 떠오르지 않을 때마다 이 시를 읽었고 심지어 스마트폰을 만들 때 이 문구에서 아이디어를 얻었다는 이야기도 있습니다만 이야기란 늘 확대 재생산되는 것이니 일부만

의미를 두기로 하죠. 제가 영어를 못하는 이유도 있겠지만 번역이 쉽지 않군요. 주변에 영어 좀 하는 지인들의 도움을 받아 겨우 의역해 보았지만 뭔가 부족한 느낌입니다. 더 나은 번역 있으면 제보 부탁합니다. 문학 번역은 해당 외국어를 잘한다고 해서 할 수 있는 것이 아닐 겁니다. 문학적인 감수성과 양국의 문화적인 이해가 있는 사람의 몫이겠죠.

여담으로 영국사람 윌리엄 블레이크는 삽화용 판화 작가이자 미술가, 무엇보다 시인이었죠. 당대에는 주목받지 못하다 사후 백 년이 지나서야 그의 천재성이 주목받기 시작했고 영국 미술사에서도 주요 인물로 다루어집니다. 미켈란젤로의 영향을 많이 받았다고 하죠. 어릴 적부터 천사를 보고 하늘을 만져 보는 등 신비 체험을 했다고 전해집니다. 이런 경험이 1789년에 발간된 『결백의 노래』라는 시집에 담겨 있습니다. 이후 예언자적인 시와 미술 작품을 선보였다고 하지요. 윌리엄 블레이크 이야기를 꺼낸 건 한 문장의 짧은 글을 읽어도 그 배경을 알고 읽는 것과 그렇지 않은 것은 분명 차이가 있기 때문입니다.

한 알의 모래에서 우주를 보고
한 송이 들꽃에서 천국을 보려면
한 줌 손안에서 무한을 잡고
찰나 속에서 영원을 붙잡아라

의미적인 구조를 먼저 살펴보죠. 문장 안의 주요 단어들은 대칭적인 구조입니다. **모래-우주, 들꽃-천국, 손-무한, 찰나-영원**, 이렇게 '작은 것(적은 것)-큰 것'을 대비해 문장을 만드는데요. 그래서 그냥 '손안'이 아닌 **한 줌 손안**으로 의역해 전달력을 높여 봤습니다. 작은 것 안에 거대한 것이 숨어 있다는 우주의 비밀을 알려 주고 싶어 하는 신비로운 문장입니다. 의미 차이가 있긴 하지만, 앞서 언급한 색즉시공 공즉시색이 떠오르기도 합니다. 의역을 보태어 해석하면, 한 알의 작은 모래에서도 우주를 발견하고 한 송이 작은 들꽃에서도 천국을 보기 위해서는, 작은 손안에서도 무한한 세계를 펼쳐 볼 수 있어야 하고 순간 속에서도 영원을 붙잡을 수 있어야 한다는 뜻이겠죠. 아주 작은 것들에서 큰 것을 보라는 것이고 둘은 결국 나눌 수 없는 '하나'의 존재라는 의미로 확장될 수 있을 겁니다. 어떻게 읽어야 할까요. 정답은 없지만 두 가지 제안을 해 볼게요.

일단 소리의 크기만 지시해 보죠.

① '/'로 나눈 앞부분을 작게 읽고 뒷부분은 크게 읽는다.

한 알의 모래에서　　/　우주를 보고
한 송이 들꽃에서　　/　천국을 보려면
한 줌 손안에서　　　/　무한을 잡고
찰나 속에서　　　　/　영원을 붙잡아라

② '/'로 나눈 앞부분을 크게 읽고 뒷부분은 작게 읽는다.

한 알의 모래에서　　/　우주를 보고
한 송이 들꽃에서　　/　천국을 보려면
한 줌 손안에서　　　/　무한을 잡고
찰나 속에서　　　　/　영원을 붙잡아라

주지할 점은 '크다, 작다'라는 상대적인 느낌이지 '크게'가 소리 지르는 건 아니라는 겁니다. 물론 효과적으로 전달은 되겠지만 제 낭독 취향은 아니네요. 여담인데요. 배우 에단 호크가 감독한 다큐멘터리 영화 「피아니스트 세이모어의 뉴욕 소네트」를 보면 피아니스트 세이모어Seymour는 학생들을 가르칠 때 "더 크게"라는 지시어를 쓰지 않습니다. "작게 더 작게"라고 말하죠. 장석남 시인도 「낮은 목소리」라는 시에서 비슷한 이야기를 적었는데요. 세이모어는 피아노를 고를 때도 작은 음으로 연주했을 때 소리가 좋은 악기를 고른다고 합니다. 여담 속 여담으로 오디오를 고를 때 볼륨을 줄여도 다양한 영역의 음들을 표현할 수 있는 제품을 오디오 마니아들은 선호합니다.

　악기든 오디오든 낭독이든 아주 작은, 미시의 세계에서 균형감 있는 표현이 가능하다면, 증폭해서 변화를 만들어 내는 것이 어렵진 않을 겁니다. 낭독은 웅변과 달라요. 같다면 설득하는 일이란 것이죠. 아주 작은 소리로, 미세한 변화로 듣는 이의 마음을 설득하는 것입니다. 이 다큐멘터리에는 이런 이야기도 나옵니다. 피아노 소리를 듣듯 사람의 말을 들으면 감정을 잘 알 수 있고 스스로의 소리를 듣게 되면 다른 사람의 소리를 듣게 된다는 내용. 우리가 하는 낭독은 혼자에게 말을 거는 것이니, 나 자신의 이야기에 귀 기울이고 자신을 설득하는 셈이네요. 낭독을 통해 우리 자신의 감정을 잘 알게 될지도 모르겠습니다.

　앞서 제시한 두 가지 지시 중에 저라면 두 번째 방식으로 읽어 볼 거예요. 큰 이미지를 큰 소리로 읽는 건 재미없죠. 오히려 작게 이야기할 때 사람들은 집중합니다. 근래 일 때문에 친해진 A는 대화의 기술이 뛰어나더군요. 어떤 사안을 이야기할 때 대부분 "맞아요"라는 추임새를 진심을 담아 넣고, 중요한 이야기를 할 때는 아주 작게 속삭입니다. 예를 들어 "그건 일반적인 방식이죠. 그래서 제가 준비한

게 있는데 보여 드리죠"라는 말을 한다면 "그건 일반적인 방식이죠"는 보통 크기로 말하다 갑자기 "그래서 제가 준비한 게 있는데 보여 드리죠"를 아주 작게 말합니다. 이른바 공기 반 소리 반의 그 말에 저는 집중하게 되더군요. 저도 얼마 전 부장님께 써먹어 봤는데 설득에 효과가 있는 것 같았어요. 인사고과는 별로였고요.

이외에도 클래식 악상 기호인 크레셴도나 데크레셴도로 읽으셔도 됩니다. 대략 점점 강하게, 점점 여리게 정도의 뜻인 건 음악 시간에 배우셨을 거예요. 여러분이 파악한 의미에 맞춰 낭독의 옷을 입혀 주세요. 아, 크레셴도에도 종류가 많습니다.

크레셴도 에 다니만도crescendo ed animando는 '점점 세고 활기차게', 크레셴도 에 디미누엔도crescendo e diminuendo는 '점점 세게 그리고 점점 더 여리게', 크레셴도 몰토cresendo molto 또는 몰토 크레셴도는 '아주 큰 크레셴도로', 크레셴도 수비토crescendo subito는 '바로 더 세게'의 뜻입니다. 읽으시라고 쓴 건 아니지만 외계어 수준의 외국어가 등장하니 갑자기 머리가 아프네요. 또 글을 쓰다가 누워 버렸습니다. 누운 김에 제가 한번 자 보겠습니다. 이만.

Tip 필사해 보세요

요즘 서점에 필사 시집이 유행입니다. 필사는 글쓴이의 마음을 거꾸로 되짚어 따라가 보는 일입니다. 앞으로 낭독하고 싶은 글이 있다면 손 글씨로 적어 보세요. 손으로도 글을 읽을 수 있다는 사실을 알게 될 거예요. 우리 신체가 귀로만 소리를 듣는 것이 아니듯 손이 감각하는 글을 읽어 보세요. 연필로 글을 쓰는 문인들이 입을 모아 말합니다. 몸으로 밀고 나가는 글도 있다고. 글에 대한 감각을 손에 입력해 주세요. 이전과는 다른 측면에서 텍스트를 이해하게 될 겁니다.

낭독일기

TV 미술관

 모든 것이 신기하던 시절이었다. 신입 사원 몇 년 동안 새롭지 않은 것이 드물었다. AM 주파수로만 잡히던 국제 라디오 뉴스 녹음을 듣기 위해 자정까지 설레며 기다렸다. 무엇이든 서툴고 가슴 뛰던 때였다. 세월이 흘러 이제는 첫 문장을 읽으면서 저절로 뒤의 문장을 파악하는 낭독 기술자가 되었다. 때때로 안타까운 것은 오랜 시간 체득한 낭독의 관성이 나를 새롭게 하지 못하기 때문이다.
 신입이란 이름이 희미해질 때쯤 교양 프로그램 「TV 미술관」의 내레이션을 맡았다. 드문드문 참여하는 것이었지만 그땐 작은 기회 하나도 소중했다. 하나의 기회에서 많은 것이 열리기도 하니까. 한 시간짜리 프로그램이었는데 더빙하면 두 배의 시간이 걸렸다. 긴 시간 지칠 법도 한데, 찰나인 듯 마법처럼 흘렀다. 다양한 미술 작품들을 담은 인문학적 내용이 매혹적이었고, 문장도 문학적인 데다 입에 잘 붙는 기분이 좋았다. 그때 처음 내레이션에 특별한 마음을 품었다.

  더빙이 끝나고 나면 가슴에 감씨만한 뜨거움이 맺혔다. '내가 나의 목소리를 듣고 치유 받을 수도 있구나'라고 생각했다. 술을 마시면 기분이 오르지만 반대로 낭독은 마음을 낮게 깔아 평평하게 만든다. 낭독은 남을 위한 일이기도 하지만 내 안에 새로운 에너지를 들이는 일이라고 생각했다. 좋은 문장을 소리 에너지로 바꾸고 다시 자신의 귀를 통해 몸에 흘려 넣는 일을 생각한다. 아주 작은 소리들이 무한히 큰 고동이 되어 오랫동안 한 인간의 마음자리를 울리는 일을. 삶은 작은 이끌림을 만나 크게 방향을 틀기도 한다.

Day Mission

10

다시 「서시」 읽기

단어와 짧은 문장으로 느낌을 만드는 놀이를 충분히 해 보셨다면 이제 하나의 완결된 작품으로 낭독 연습을 해 볼까요? 낭독이라는 연주를 하기 위해 조금 긴 악보를 그릴 거예요. '음악'도 모르지만 '낭독'은 더 모르겠다 하는 분들도 겁내지 말고 차 한잔 하시면서, 순서대로 느긋하게 따라오세요. 누가 들어 줘야 겁도 먹는 것이지요. 이건 오롯이 한 사람 당신만을 위한 낭독입니다.

윤동주의 시를 골랐습니다. 왜 윤동주냐고요? 모두 좋아하는 시인이니까요. 윤동주의 시를 지겹다고 여기는 사람이 있을지 모르지만 싫어하는 분은 없을 것 같습니다. 윤동주의 시는 교과서와 다양한 경로로 접해 익숙할 겁니다. 그의 가장 대중적인 작품 「서시」로 공부, 아니 놀아 볼 거예요. 가장 익숙한 시가 가장 낯설어지는 경험을 드릴게요. 「서시」의 이야기가 마무리되면 각자 좋아하는 문장으로 연습해 보시길 바랍니다. 원리는 같으니까요.

시가 아니어도 좋습니다. 좋아하는 짧은 문장을 가지고

놀아 보세요. 악기 연습할 때 실력이 빨리 느는 방법 가운데 하나는 자신이 좋아하는, 연주하고 싶은 곡을 정해서 하나만 완벽하게 연습하는 겁니다. 원리와 기법이란 대개 비슷하기 마련이니까요. 진득하게 하나의 텍스트에 집중해 보기로 하죠. 파블로 카잘스Pablo Casals는 96세로 영면에 들기까지 바흐의 「무반주 첼로 모음곡」을 매일 연습했다고 합니다. 하나의 음악에서도 매번 다른 이야기를 길어 올리는 거장의 모습은 아름답습니다. 비교하긴 민망하지만 저도 기타를 처음 배우던 대학교 1학년 때, BTS의 「DNA」로 연습했으면 좋았을 텐데 유재하 작곡, 이문세 노래의 「그대와 영원히」 한 곡만 한 달을 연습했습니다. 분명 도움이 됐습니다. 그때부터 한 곡씩만 완벽하게 연습했죠. 기타리스트 이병우 1집의 「새」를 처음 완주한 날 얼마나 기뻤는지. 악기를 배울 때 이 곡 저 곡 연습하다 악기 자체에 흥미를 잃어 버리는 경우가 많다고 해요. 하나를 완성하면 분명 보이는 것이 있을 겁니다. 이전에 보이지 않던 것들 말입니다. 자신의 실력이 한 단계 나아갔다는 방증입니다. 『멈추면 비로소 보이는 것들』이란 책이 있습니다. 하지만 연주는 자주 멈추면 안 보입니다. 혜민 스님 미안. 여러분 하나만 파세요. 인생 하나만 잘해도 잘 삽니다.

서시

죽는 날까지 하늘을 우러러
한 점 부끄럼이 없기를,
잎새에 이는 바람에도
나는 괴로워했다.
별을 노래하는 마음으로
모든 죽어가는 것을 사랑해야지
그리고 나한테 주어진 길을
걸어가야겠다.

오늘 밤에도 별이 바람에 스치운다.

> 문제 1) 시적 화자의 양심을 대변하며 이 세상에 존재해야 할 정의를 형상화한 시어를 고르시오.

① 하늘　② 잎새　③ 노래　④ 별　⑤ 길

놀라셨나요? 학창 시절의 악몽이 떠오르셨나요? 굳이 답을 찾자면 찾아볼 수도 있는 문제겠지만 이런 식의 접근이 우리를 시에서 멀어지게 했습니다. 여담인데 어떤 시인은 자신의 시가 등장하는 문제를 풀어 보았는데 틀렸답니다. 갑자기 왜 문학교육과 제도교육의 문제를 꼬집어 이야기하느냐고요? 시는 낭독에 최적화된 문학 장르인데, 시를 하나의 유기체로 보지 않고, 분해하고 해체하는 숨은 뜻 찾기 대잔치가 되어 버렸으니 우리 모두 흥미를 잃게 된 것이란 걸 말하고 싶어서죠. 갈래는 서정시 자유시, 율격은 내재율, 성격은 자아 성찰, 고백적, 의지적. 기억나실 겁니다. 마음으로 느끼지 않고 이런 것들을 암기만 했으니 시에 대한 마음이 좋았을 리 없습니다.

낭독에 대한 마음도 마찬가지입니다. 저로 말하면, 국어 시간에 '지문' 꽤나 읽은 사람입니다. 목소리가 좋다는 이유만으로 말이죠. 물론 친구들에게 목소리 하나 타고나서 잘 먹고 잘산다고 핀잔 같은 칭찬을 받지만, 학창 시절의 낭독이 즐겁다고 느낀 적은 안타깝게도 없습니다. 타인이 듣고 있다는 압박감과 틀리지 말아야 한다는 부담감, 무엇보다 어떻게 읽어야 할지도 모른 채 그저 글을 음성화하고 있다는 단조로움에 제 자신이 즐겁지 않았던 것이죠. 즐겁지 않은 일은 굳이 할 필요가 있나요? 행복한 일만 하고 살기에도 바쁜 세상입니다. 낭독이 내 취향도 아니고 재미도 없으시다면, 과감히 이 책을 접고, 내 인생에 잘 어울리는 재밌는 일은 과연 뭘까 궁리해 보세요. 무조건 재미있는 걸

하세요. 당신을 가슴 뛰게 하는 그런 일 말이죠. 100미터 전력 질주. 난폭 운전. 또 이야기가 중심에서 멀어졌군요.

「서시」를 처음 읽을 때 어떤 느낌이었나요? 교과서에서 본 너무나 익숙한 시라 아무런 느낌이 없나요? 수없이 패러디되고 인용된 시라 지겨운가요? 처음 본 글이라고 생각해 보세요. 이전의 고정관념들을 모두 지우고 오롯이 텍스트만 바라봅시다. 어떤 의미인가요? 낭독에서 제일 중요한 건 텍스트에 대한 이해예요. 문장을, 문맥을, 시 전체를 관통하는 정서를 읽을 수 있어야 좋은 낭독이 됩니다. 그런 낭독은 서툴지만, 아나운서나 성우가 기술적으로 분석해서 읽는 낭독보다 더 귀하고 아름답습니다. 저는 이제 낭독 머신이 되었어요. 그래서 뭐든 읽으면 다 그럴듯하게 들리죠. 멋지게 들리기도 하고요. 기술적인 부분이 이미 체화되어 본령에 닿아 있는 순수한 낭독을 저는 하기 힘들 것 같아요. 저는 뭘 읽어도 너무 잘 읽어요. 저는 이미 글렀으니 순수 낭독은 여러분이 들려주세요. 「서시」로 본격적인 낭독을 해 보죠.

내일부터. 내일부터. 내일부터. 내일부터. 내일부터.

처음 읽는 「서시」

큰 태풍이 온다던 6월의 교토는 가을이 온 듯했다. 덥지 않은 날씨에 하늘은 높았다. 특별한 목적은 없었다. 서울 공기가 유독 무겁게 느껴져 짧은 망명 삼아 떠난 여행이었으니까. 이곳저곳 모르는 곳을 느긋하게 산책했고, 골목을 만나면 깊숙이까지 들어가 보았다. 작고 낡은 가게를 골라 맥주 한잔 시켜 놓고 시가 될 문장이나 끼적이다 지루해지면 다시 동네를 옮겨 걷기를 반복했다. 이런저런 생각 끝에 윤동주가 떠올랐다. 여행지의 대학에 방문하는 것을 즐기니, 그가 다녔던 도시샤 대학에 가보자 마음먹었다. 등단한 해여서 남다른 의미도 있겠다 싶었다. 사실 윤동주 시인이 나의 시 쓰기에 큰 영향을 주었다고 생각지는 않는다. 교과서에서 처음 본, 몇 구절은 외우기도 하는, 그리하여 오랫동안 기억에서 박제된 인물일 따름이었다. 교정에선 여름 냄새가 올라왔다. 윤동주 시비 앞에 놓인 꽃과 한국 소주

병 옆에서 자판기 커피 한잔을 마셨다. 뜻밖의 안내로 윤동주의 하숙집터가 근처라는 이야기를 들었다. 도시샤 대학의 시비詩碑보다 왜 그곳으로 마음이 쏠렸는지 이유는 모르겠다. 버스에서 내려 꽃을 사고 가모가와 강을 따라 걸었다. 그도 이 강을 따라 오갔겠지. 그가 지나던 공간을 입고 걸으며 그를 떠올리니 쓸쓸했다. 그가 잡혀갔다는 시모가모 경찰서 인근을 지날 때는 쓸쓸함이 우울함으로 기울고 있었다. 생각보다 먼 그의 하숙집터에 도착했다. 학교를 오가며 그는 무슨 생각을 했을까. 조국의 명운만은 아니었을 것이다. 그랬다고 하기엔 가모가와 천변은 계절마다 아름다웠을 테니까. 그가 묵던 육첩방의 하숙집은 교토 조형예술대 건물로 바뀌어 있었다. 비석 앞에 꽃을 올리고 묵념 대신 적혀 있는 「서시」를 속으로 읽었다. 이런 시였던가. 정말 이런 시였나. 내가 알던 교과서 속 「서시」는 거기에 없었다. 눈에 물기가 돌았고 어쩌면 머릿속으로 읽던 시구 몇 개가 입 밖으로 저절로 흘러나왔던 것도 같다. 처음 보는 시를 읽었다.

Day Mission

11

낭독의 순서를 배워 볼까요? 1

오늘은 묵독 _ 처음 보는 시처럼 「서시」 읽기
묵독-음독-음독 2-낭독

　낭독은 묵독 - 음독 - 음독 2 - 낭독까지 이 네 가지 순서로 이루어지는데요. 여기에 음독이나 낭독의 단계가 세분화되기도 합니다. 왜 이제야 그걸 알려 주냐 처음부터 체계적으로 공부를 시켜야지 핀잔을 주는 분들도 계시겠지만 이 이야기를 먼저 꺼냈다면 아마 시작한 지 얼마 안 되어 책을 덮었을 분들이 많을 겁니다. 본격적인 낭독 관련 책도 많지 않은 데다, 이야기를 고지식한 순서로 풀어 간다면 독자가 지레 겁먹고 포기하는 경우가 많으니까요. 책의 앞부분에서 자연스럽게 연습했던 내용을 체계적으로 복습해 보시죠.

● 묵독默讀

　반복해 말씀드리지만 낭독하려면 악보를 그려야 합니

다. 물론 오선지에 그릴 건 아니에요. 오선지에 그리기엔 우리는 너무나 많은 음을 연주할 수 있는 악기라 다섯 개의 선으로는 부족합니다. 악보를 그리기 전에 글을 어떻게 맞이할지 생각해 보죠. 제일 먼저 텍스트를 어떻게 읽을지 태도를 정하는 거예요. 당연히 글의 분위기에 맞는 태도겠죠. 뭘 처음 듣는 이야기처럼 고개를 끄덕이시나요. 앞서 함께 나눈 내용이랍니다. 편하게 해 보아요.

여러분이 평소 하는 독서가 묵독입니다. 내용 파악에 집중하는 독서죠. 세부 내용과 전체 글 안에서 문장의 의미도 생각해야겠고요. 낭독을 위한 묵독에서 우선되는 것은 분위기 파악입니다. 반복해도 지나치지 않아요. 불조심 같은 거죠. 사람이 분위기 파악을 해야 잘 삽니다. 잘 아실 거예요. 어릴 적부터 분위기 파악 좀 하란 얘기를 많이 듣고 살아서 분위기가 얼마나 중요한지 저는 잘 압니다.

일단 전체 글에 어떤 감정이 스며 있는지를 파악해야 하겠죠. 아그리파, 비너스, 줄리앙 등 기본 석고 데생을 할 때 흔히 덩어리를 잡아야 한다고 이야기하지요. 양감의 큰 덩이들을 만들어 놓아야 세부묘사를 해도 조화를 이루고 전체 분위기에 잘 녹아듭니다. 결국 내용 파악이 가장 중요하단 이야기인데요. 작가가 어떤 태도로, 어떤 감정을 글에 실었는지 잘 살펴야 합니다. 글의 의미를 파악하고 전체적인 느낌을 정하는 것이 묵독입니다. 소리 내지 않고 마음으로 글을 쓰다듬고 음성화할지를 생각해야 합니다. 글이 짧으면 짧은 대로, 길면 긴 대로, 묵독에 시간을 충분히 쓰세요. 문장의 행간에 여러분의 마음을 채워 보세요.

서시

죽는 날까지 하늘을 우러러
한 점 부끄럼이 없기를,
잎새에 이는 바람에도
나는 괴로워했다.
별을 노래하는 마음으로
모든 죽어가는 것을 사랑해야지
그리고 나한테 주어진 길을
걸어가야겠다.

오늘 밤에도 별이 바람에 스치운다.

문장 하나하나의 의미 그리고 시의 전체 구조에서 그 문장들이 어떤 역할을 하는지 음미해 보셨나요? 요즘 현대시에 비해 내용이 어렵지는 않죠? 시를 건축물로 비유한다면 벽돌 하나를 뺄 때 무너지는 구조여야 한다는 말이 있습니다. 단어 하나, 문장 한 줄이 모두 그 자리에서 의미를 발하는 유기적인 구조이기 때문에 군더더기가 없는 문학이라는 뜻이죠. 오랜만에 읽어 보니 익숙한 시지만 교과서에서 보던 느낌과는 다르지 않나요? 여러분의 축적된 경험이 시 안에서 확장되었기 때문에 그럴 겁니다. 만약 윤동주 시인이 시가 아닌 일기로 썼다면 어땠을까요?

    나는 죽는 날까지 한 치의 부끄러움 없는 삶이기를 바랐다. 그래서 나는 나에게 일어나는 아주 작은 일들 하나하나까지 스스로를 검열하며 괴로워한 것이다. 꿈을 꾸는 마음으로 내가 사랑할 수 없는 것들까지 사랑해야 한다. 그런 마음을 늘 새기면서 나에게 주어진 삶에 충실해야겠다. 오늘 밤에도 지난한 나의 삶 속에서 꿈을 고뇌한다.

임의의 해석으로 시를 훼손한 듯해 윤 선배님께 죄송한 마음입니다만 조심스레 그의 마음을 따라가 봅니다. 이 시에서 중요한 키워드 가운데 하나가 '부끄러움'이죠. 너무나 윤리적인 잣대가 높았던 한 사람의 고백입니다. 저는 그렇게 이해했습니다. 보통 '조국의 광복', '독립의 의지' 이런 주제와 연결하는데, 일제 강점기라는 시대 상황을 상상하는 것도 시를 읽을 때 중요하겠지만 시는 생물이에요. 한 시대에 머물러 있지 않고 확장되고 거듭납니다. 먼저, 지금의 내 마음이 이 시에 어떻게 닿아서 작용하는지에 집중해 보세요. 현대에도 부끄러움은 존재하고 삶은 늘 나를 속이지요. 우리는 두려워하거나 놀라고요. 당신만의 감정을 만들어 보세요. 이 시가 당신에게 어떤 이야기를 들려주는지 귀 기울여 보시죠.

내용 없는 아름다움 A

비행기에서 기내지를 읽다가 미술가 고산금의 작품을 보았다. 책을 오브제로 한 작품인가 싶었는데, 자세히 보니 작은 진주알들이 글자 대신 박혀 있었다. 시나 가사, 신문 기사 일부를 문장의 모양대로 진주알로 바꿔 놓은 것이다. 뜻 모를 아름다움이 일었다. 진주알 문장의 빛들은 읽을 순 없지만 이해되는 아름다움이었다. 우리가 숲의 새소리를 이해해서 즐기는 것이 아니듯, 이해할 수 없지만 아름다운 외국어를 보는 기분이었다.

Day Mission

12

낭독의 순서를 배워 볼까요? 2

오늘은 음독 _ 낭독 기호 익히기
묵독 - 음독 - 음독 2 - 낭독

● 음독音讀

음독은 단어 하나, 문장 하나씩 읽어 보면서 전체 낭독을 물 흐르듯 잘하기 위해 점검하는 단계예요. 연주자들의 예를 들어 볼까요? 저는 기타를 연주하는 사람이니까 기타 연주자로 예를 들겠습니다. 이제 차분히, 눈을 뜨고 상상해 보세요. 영국 기타리스트 존 윌리엄스가 바흐의 곡을 연주할 거예요.

미뉴에트 G장조라고 해 보죠. 솔도레미파 솔도도 따다라다다 따단단 이렇게 시작하죠? 장윤현 감독의 영화 「접속」이 떠오르신다고요? O.S.T.에 실린 사라 본Sarah vaughan의 「어 러버스 콘체르토A lovers concerto」는 바흐의 미뉴에트 G장조에 가사를 붙인 곡이죠. 만날 사람은 만난다고 들었어요. 여인 1, 해피엔드 이런 것들이 떠오르신다면 나이를 좀 보유하신 분이군요.

존 윌리엄스가 이 곡을 연주하기 위해 처음에 하는 일은 악보를 보는 거겠죠. 기타 지판을 어떤 스케일로 짚는 게 효율적일지 계산합니다. 멜로디가 주는 감정들을 생각해 보고, 바흐가 사랑하는 아내 안나 막달레나를 위해 만든 음악이란 것과 시대적 배경도 떠올려 볼 겁니다. 그다음 연주하기 어려워 보이는 부분, 틀리기 쉬운 부분을 찾아서 부분적으로 연습해 볼 거예요. 존 윌리엄스도 바흐의 「샤콘」 같은 곡을 연주하면 한두 번 틀린다고 합니다. 곡이 길고 어려우니까요. 저도 뉴스를 전할 때 꼭 한두 번씩 틀려요. "그게 인간적이니까요"라고 말하기엔 많이 틀리는 날도 좀 있습니다만 일단 최종 연주에선 안 틀리도록 하는 게 맞겠죠. 좋은 글도 오타가 있으면 신뢰도가 좀 떨어져 보이는 것처럼 말입니다. 존 윌리엄스 이야기로 돌아갈게요. 그는 부분적으로 연습하면서 악보에 어떤 기호를 적습니다. 자신만의 표시겠죠. 그건 느낌에 관한 표시일 수도 있고, 주의할 부분을 체크한 것일 수도 있고, 강조하고 싶은 곳에 뭔가 표시를 했을지도 모르죠. 여기까지가 음독의 단계예요.

추상적일 수 있겠지만 직접적인 설명보다는 비유를 통해 이야기하는 것이 더 친절한 방식이라고 생각합니다. 여담으로 친애하고 존경해마지 않는 존 윌리엄스 얘기를 좀 더 해 볼게요. 어렸을 적에 EBS에서 그의 다큐멘터리를 본 적이 있어요. 실험적인 방법으로 그의 기타를 만드는 제작자와 플라멩코 기타 연주자가 등장하는 프로그램이었어요. 플라멩코 기타 연주는 악보만 보고 플라멩코 고유의 느낌을 살려 연주하기가 힘들다고 하죠. 그래서 많은 기타리스트들이 스페인으로 유학을 갑니다. 몸으로 배워야 하니까요. 그 다큐멘터리에서 존 윌리엄스가 플라멩코 기타 곡을 연주하다 친구인 플라멩코 전문 연주자에게 혼나는(?) 내용이 나오는데 많이 웃었습니다. 저런 대가가 기타로 애를 먹다니. 낭독도 그렇습니다. 악보만 그린다고 그대로 되는 게 아니죠. 플라멩코 기타 연주만큼 미묘하고 복잡한 무언가가 있을 겁니다. 같은 텍스트여도 낭독하는 사람에 따라 다른 느낌으로 들립니다. 다음 단계가 바로 그 복잡 미묘함이 포함된 낭독입니다.

「서시」를 통해서 음독 단계를 구체적으로 알아보죠. 일단 앞서 설명해 드린 악보 표기법 다시 설명해 볼게요. 사람 마다 표기하는 법이 다르고, 낭독에 공식적인 기호가 있는 건 아닌데 제가 쓰는 기호는 이렇습니다.

˘ / // ^ - ↗ ↘

- ˇ **짧게 끊을 때**: 숨을 완전히 멈추는 것이 아닌 잠시 숨을 참는 기분으로 쉬어갈 때 사용합니다.

- / **큰 맥락으로 길게 끊을 때**: 일반적인 끊기 기호입니다.

- // **더 크게 쉬어 가고 싶을 때**: 충분히 쉬어 가는 표시입니다. 문장이 완전히 끝날 때 사용하거나, 문장 안에서 극적인 강조를 위해 쓰입니다.

- ^ **이어서 읽는다**: 잊지 않고 이어서 가야 하는 부분 혹은 잘못 끊으면 의미가 달라지는 부분에 적어 둡니다.

- — **자연스럽게 이어서 갈 때**: 문장이 긴데 끊어서 읽으면 문맥을 해치는 경우 사용합니다. 혹은 어미를 올리거나 내리지 않고 읽을 경우 사용합니다.

- ↗ **어미를 올린다**: 그림의 각도를 조정해서 어느 정도 어미를 올릴지 표시합니다.

- ↘ **어미를 내린다**: 그림의 각도를 조정해서 어느 정도 어미를 내릴지 표시합니다.

「서시」로 돌아가 이 기호들로 악보를 만들어 봅시다.

서시 //

제목은 충분히 쉬는 것이 좋습니다. 듣는 사람에게 낭독들을 준비를 시키는 거죠. 우리 낭독은 어차피 스스로 듣는 거니까 편하게 해도 되지만 충분히 쉬어 보아요.

죽는 날까지 하늘을 우러러
한 점 부끄럼이 없기를,

어디서 끊을지 고민이 됩니다. **죽는 날까지**가 어디에 걸리는 말인가 고민해 봐야 하죠. 죽는 날까지 하늘을 우러른다는 얘기인가? 아니면 죽는 날까지 한 점 부끄럼 없기를 바란다는 것일까? 제 판단은 **죽는 날까지**에서 끊고 나머지를 이어 가는 것입니다.

죽는 날까지 / 하늘을 우러러 ˇ
한 점 부끄럼이 없기를, //

이렇게 악보를 그리면 어떨까요. 여기서 궁금한 점.

없기를에 쉼표가 찍혀 있는데 어차피 행이 바뀌면 쉬어 가는 상황인데, 왜 윤동주 시인이 쉼표를 찍었느냐는 거죠. 이 쉼표는 아마도 여기서 한번 앞 문장을 음미하고 가기를 바라는 작가의 마음일 것 같습니다. 시 쓰기란 이렇게 미묘한 것이지요. 예술은 아주 미세하고 미묘한 지점의 표현에 따라 명작도 되고 범작도 되고 하니까요.

잎새에 이는 바람에도
나는 괴로워했다.

이 문장은 한번에 읽어도 될 것 같지만 단번에 읽어 버린다면 재미없을 거예요. 잎새와 바람의 관계, 흔들리는 것과 흔드는 것 사이의 관계를 생각하고 왜 **바람에**가 아닌 **바람에도**라고 썼는지를 생각하고, 시인의 정서를 여러 번 곱씹어야 그 의도를 조금이나마 유추해 볼 수 있어요. 이런 것이 시 읽기의 즐거움이며 낭독에서 중요한 포인트가 되죠. "그래서 어떻게 읽어야 잘 읽는 거죠?"라고 묻는다면 할 말은 적어집니다. 대학교 1학년 교양수업 '관찰과 표현' 모 교수님은 말씀하셨습니다. "예술에 만점이 어디 있냐." 그러면서 늘 제게 C를 주셨지요. 성적으로 가르침을 주신 고마운 분이죠. 점수 같은 건 중요하지 않습니다. 혼자 하는 낭독이라 누구도 평가하지 않아요. "그래서 당신은 어떻게 읽고 싶은가요?"라고 묻는다면 이렇게 문장을 나눌 것 같군요.

잎새에 이는 바람에도
나는˘ 괴로워했다.

잎새에 이는 바람에도 / 나는˘ 괴로워했다와 같이 끊는 것이 일반적이겠지만 괴로움의 주체인 나를 강조하고 싶다면 **나는**에서 자연스럽게 반 호흡 정도 쉬고 문장을 마무리하는 것도 좋을 것 같습니다. 다양한 경우의 수를 악보로 만들어 보세요. 틀린 낭독은 없습니다. 남들과 다른 낭독이 있을 뿐이죠.

별을 노래하는 마음으로
모든 죽어가는 것을 사랑해야지
그리고 나한테 주어진 길을
걸어가야겠다.

별이 등장하는 걸 보면 밤이에요. 사실 밤은 시간인데 공간적 개념에 닿아 있는 단어입니다. 밤은 인간에게 쉼을 주는 시간이죠. 시인도 군인도 범인도 그 누구도 밤엔 대부분 혼자일 겁니다. 밤이라는 시간과 혼자만의 시간을 보내는 공간을 분리해서 상상하기 힘든데요. 그래서 저는 무의식적으로 밤을 시간이자 공간으로 이해하고 있었는지 모르겠네요. 좀 억지인 것 같네요. 재쇄 찍을 때 빼야겠습니다.

한편, **별**이란 단어가 등장했다고 밤일 거라고 생각하는 건 시인으로서 상상력이 부족한 걸지도 모르겠네요. 대낮에 보이지 않는 별을 막막한 심정으로 떠올리는 윤동주를 상상해 볼 수도 있으니까요. 어쩌면 시간적인 배경을 낮으로 두는 게 더 어울릴 수도 있겠어요. 낮별이든 밤별이든 이별이든 어쨌든 별은 죽어가며 빛나는 존재죠. 내비게이션 GPS가 아인슈타인의 상대성이론을 방증하듯 별은 명백히 시차를 증명하죠. 우리는 과거의 빛을 보고 있는 것이니까요. **별을 노래하는 마음**이란 무엇일까요. 그리고 어떻게 사랑해야겠다는 건지 당신의 의견이 필요합니다. 하지만 당신이 아닌 그 생각이 주인이 되어 이 시를 소리 내어 읽기 바랍니다. 당신은 생각에 소리를 빌려 준 사람이 되어 보세요. 그리하여 낭독에 스며들기를 바랍니다.

시인의 복잡 미묘한 마음을 한 인간의 울림으로 온전히 담아 표현할 수 있을까요. 허경의 향, 허향虛香이란 게 있다더군요. 빈 향로에 향을 피우고 있다고 상상하고 그 냄새를 맡는 거죠. 읽기란 자유롭게 상상하는 행위죠. 실제 보이지 않는 것들도 눈앞에 데려올 수 있는 유희입니다. 이를 통해 뇌 안에서 일어나는 다양한 작용이 우리에게 쾌감을 주는 것이고요. 시를 읽고 만들어진 마음은 누구 것일까요? 윤동주의 것이라고 말할 수 있을까요? 흔히 문학은 작가의 손을 떠나면 독자의 것이라고 말하는데, 내가 느낀 만큼 자기 것으로 데려간다는 뜻입니다. 상상으로 최고의 향냄새를 만들어 내듯 말입니다. 문학적 상상이 낭독이란 출력을 거치는 일은 아름답습니다. 어떤 순간이든 내내 아름답길 바랍니다.

별을 노래하는 마음으로 /
모든 죽어가는 것을 ˘ 사랑해야지 ^
그리고 / 나한테 주어진 길을
걸어가야겠다.

모든 죽어가는 것을에서 잠시 쉰 건 **사랑해야지**를 돋들리게 하고 싶어서였어요. 그리고 **사랑해야지** 그리고에서 쉬어갈 수 있는데 굳이 리듬을 깨며 이은 것은 우리의 생활 언어에서 종종 나타나는 습성을 따른 겁니다. 자연스럽게 말하는 느낌을 주고, 접속사를 미리 읽어 버림으로써 그 뒤에 오는 문장을 온전하고 깔끔하게 주어-보어-목적어-술어 구조로 이어갈 수 있기 때문이에요. 문장에서 주어가 가장 앞에 있어야 잘 들리니까요. 저의 방식이지만 말입니다.

나한테 주어진에서 끊을까요, 아니면 **나한테 주어진 길을**로 묶을까요, 그것도 아니라면 **나한테 주어진 길을 걸어가야겠다**로 단번에 읽을까요. 세 가지 방식 모두 미묘하게 의미가 달라진다는 사실을 이젠 아셨을 겁니다. 첫 번째 방식으로 읽으면 길이 강조될 것이고, 두 번째는 걷다라는 행위에 방점이 찍히죠. 그리고 단번에 읽는 마지막 방식은 덤덤합니다. 어떤 방법이 맘에 드시나요. 여러분한테 주어진 낭독의 길을 골라야겠다.

오늘 밤에도 별이 바람에 스치운다.

지금까지 모든 행이 붙어 있었는데 여기선 행이 한 칸 띄워져 있습니다. 문장 한 줄이 한 연입니다. 왜일까요? 아마도 마지막 문장을 강조하고 싶은 화자의 마음이겠죠. 그렇다면 이 문장 앞에선 크게 쉬어 읽어야겠네요. 시를 쓰다 보면 마지막 한 문장을 띄어서 하나의 연으로 '섬'처럼 남기고 싶은 욕망이 종종 생깁니다. 저절로 문장 안에서 자연스럽게 결론부를 만들어 내면 좋을 텐데, 강조하고 싶은데 문장이 영 돋보이지 않을 때 꼭 한 줄 띄웁니다. 겉멋으로 보여서 시인들은 이런 방식을 지양하기도 하는데요. 「서시」는 다릅니다. 한 칸을 띄움으로써 빛나는 문장을 얻었습니다. 붙였다면 좀 답답했을 거예요. 시적 표현도 너무나 멋지죠. "대기권 밖에 있는 별에 어떻게 바람이 스치나요?"라고 묻는 이과 출신 독자들만 없다면 멋진 표현입니다. 잎새에 이는 바람에도 괴로워했는데 나의 별에 바람이 스치면 얼마나 아프고 괴로울까요. 띄어서 적어야 하는 또 하나의 이유가 되겠죠.

오늘 밤에도는 붙여야겠죠? 느낌이 그렇죠. 오늘과 밤이 한 단어처럼 있어야 자연스러우니까요. 그렇다면 **별이** 전에 끊을 것인가 뒤에 끊을 것인가 고민이 됩니다. **별이**에서 끊으면 **별이**도 강조되고 **바람에도** 자동으로 강조되겠죠. 오늘 밤에도, 다른 그 무엇도 아닌, 별이 바람이라는 자연 현상으로 고통받는구나 하는 정도의 뉘앙스가 될 겁니다. **오늘 밤에도**에서 끊고 **별이 바람에 스치운다**라고 읽는다면 담백하고 정직하게 의미가 전달되겠고요. 선택은 여러분의 몫입니다만 저 같으면 후자를 택하겠어요. 담백한 걸 좋아해서요. 돈가스 좋아해요. 그리고 짧게 끊을까요, 아니면 좀 길게 끊을까요. 마지막 부분이니 힘주어 표현하고자 한다면 좀 길게 끊어도 좋겠고, 너무 멋 부리는 것 같으면 짧게 끊으셔도 됩니다.

한마디 더. 저는 이 **스치운다**라는 표현이 좋은 이유가 마치 '스치다'와 '울다'의 합성어처럼 들리기 때문입니다. '별이 바람에 스친다'였다면 여운이 부족했을 거예요. **스치운다**를 강조하고 싶으면 살짝 쉬어 가는 것도 좋습니다. 평양냉면에 식초와 겨자는 취향껏 치는 거죠. 전 안 칩니다.

오늘 밤에도 / 별이 바람에 ˇ 스치운다.

오늘 진도를 좀 달렸군요. 저자가 양 조절을 이리 못하니, 쯧쯧.

낭독일기

내용 없는 아름다움 B

도쿄에 가면 칸다와 진보초 지역을 자주 어슬렁거린다. 어떤 나라든 서점 거리를 좋아하기 때문이다. 2019년 늦가을 한국어 전문 서점인 '책거리'에서 낭독회를 했다. 주일 한국문화원 최병미 형이 나의 시 몇 편을 일본어로 번역해 주었지만 낭독은 한국어로 해야 하니 일본 독자들에게 무슨 의미가 있을까 싶었다. 낭독회가 시작되고 내가 시를 읽기 시작했을 때 분명 어떤 에너지가 전달되고 있다는 걸 느낄 수 있었다. 그것은 시의 내용 밖에 존재하는 이상한 감정이었는데, 사람들의 마음은 나의 목소리를 따라오고 있었다. 눈빛을 보면 알 수 있었다. 언어의 무중력 상태에서 나의 시를 읽고 있다는 것을. 어떤 낭독은 소리만으로 의미가 된다.

Day Mission

13

자신만의 악보를 그려 볼까요?

오늘은 두 번째 음독
묵독 – 음독 – 음독2 – 낭독

- 음독 2

　음독을 통해 최종적인 낭독 준비가 끝나면 리허설을 해 보아야겠죠. 연주회에서 어려운 부분을 틀리지 않기 위해 음만 정확히 짚는 연주일 수도 있겠고, 감정의 흐름을 확인하기 위한 연주일 수도 있을 거고요. 여기까지가 음독과 낭독 사이의 어떤 단계입니다. 그냥 편의상 음독2라고 하죠. 책의 분량을 늘리기 위해 한 번 더 제가 그린 악보를 적어봅니다. 분량을 더 늘리기 위해 여러분이 악보를 표시할 수 있도록 시를 한 번 더 적습니다. 오늘은 숙제를 드릴게요. 저는 쉬고 여러분은 악보를 그립니다. 저는 놀고 여러분은 악보를 그립니다. 저는 쉬고 여러분은 악보를 그립니다.
　레드 썬.

서시 //

죽는 날까지 / 하늘을 우러러 ˘
한 점 부끄럼이 없기를, //
잎새에 이는 바람에도
나는 ˘ 괴로워했다. //
별을 노래하는 마음으로 /
모든 죽어가는 것을 ˘ 사랑해야지 ^
그리고 / 나한테 주어진 길을
걸어가야겠다. //

오늘 밤에도 / 별이 바람에 ˘ 스치운다.

✏️ 여러분의 악보를 그려 보세요. 가늘 쉬그.

서시

죽는 날까지 하늘을 우러러
한 점 부끄럼이 없기를,
잎새에 이는 바람에도
나는 괴로워했다.
별을 노래하는 마음으로
모든 죽어가는 것을 사랑해야지
그리고 나한테 주어진 길을
걸어가야겠다.

오늘 밤에도 별이 바람에 스치운다.

> 낭독일기

내용 없는 아름다움 C

다큐멘터리를 찍다 보면 외국인을 인터뷰할 일이 종종 있다. 로드 다큐 「석굴암」 촬영 때였다. 통역자가 인터뷰이에게 질문하면 인터뷰이는 나를 바라보고 답을 하고, 나는 마치 알아듣는 척 고개를 끄떡인다. 편집을 통해 인터뷰어인 내가 한국어로 질문하고 인터뷰이는 외국어로 답하는 모습으로 방송에 나간다.

1분 남짓한 인터뷰 장면을 담기 위해선 한 시간 넘는 촬영을 해야 한다. 긴 시간 들어도 알 수 없는 인터뷰이의 답변을 듣고 있으면, 지루함과 멍함의 끝에서 마치 상대의 말을 알아듣고 있는 것 같은 착각이 시작된다. 인터뷰이는 이런 말을 하고 있겠구나 터무니없이 짐작하면, 놀랍게도 맞았던 적이 많다.

중국 바이린사柏林寺의 후이징 법사 이야기는 뜻 모르게 아름다웠다. 인터뷰의 어느 순간 그의 눈과 내 눈 사이에 시원한 길 하나가 놓였고 눈빛으로 이야기를 나누었다. 세상엔 설명하기 힘든 신비가 더 많구나 하고 생각했다. 이 일화는 훗날 「인터뷰」라는 시로 적었다.

Day Mission

14

오늘은 드디어 낭독의 날!
마음껏 낭독하세요

● 낭독

 모든 과정을 거쳐 막이 오르면 연주회장의 청중들 앞에서 음악을 들려주겠죠. '연습은 실전처럼 실전은 연습처럼' 같은 빤하지만 지키기 힘든 구호를 떠올릴지도 모르겠네요. 악보가 잘 그려졌는지, 표기된 부분을 낭독으로 잘 이어 갈 수 있는지 생각해 봐야 합니다. 보헤미아 출신의 작곡가 구스타프 말러Gustav Mahler는 "음악에서 가장 중요한 것은 악보에 없다"라고 말했습니다. 악보 열심히 그려야 한다더니 무슨 이야기를 꺼내려고 이율배반적인 소리인가 싶을 겁니다. 지휘자는 악보에 표시한 내용들을 이미지 트레이닝으로 머릿속에서 리허설하겠죠. 하지만 실연에서는 악보에 적은 기호를 바라보며 연주하지 않습니다. 연주자들과의 호흡, 관객들의 분위기 등에 집중해야 하기 때문이죠. 악보를 그려 연습했다면 실제 연주에선 악보를 잊어야 합니다.

 지휘자와 연주자는 함께 스스로 음악이 되어야 좋은 연주를 할 수 있습니다. 낭독자도 마찬가지입니다. 악보가 아닌, 자신의 소리에 집중해야 합니다. "너무 추상적인 것 아니야? 과장된 비유 아니야?"라고 불평할 수 있겠지만 사실입니다. 100여 편의 오페라와 250여 편의 관현악곡을 쉼표 하나 빼지 않고 암보했다는 이탈리아 출신의 음악가 아르투로 토스카니니Arturo Toscanini처럼 악보를 외우는 건 어렵겠지만 실제 낭독에서는 텍스트 바깥의 이야기에 귀 기울여야 합니다. 몸속에서 낭독가의 자아를 끄집어내 제3자로 세우고 스스로를 바라볼 수 있어야 합니다. 자신이 무엇을 하고 있는지 객관적으로 바라볼 수 있는 상위 인지metacognition의 또 다른 자아를 만들어 사용해야 하죠. 영혼이 육신을 내려다보는 느낌으로 말이죠. 오싹하군요. 혼자 하고 혼자 듣는 낭독이지만 낭독을 마치면 나에게 멋진 박수를 받을 겁니다. 박수는 셀프.

교과서의 단원 정리와 요점 정리처럼 정리를 좋아하는 여러분께 표로 오늘의 낭독 단원을 정리해 보여 드릴게요.

낭독의 순서 _ 요점 정리

묵독

① 글 전체를 무념무상 아무 생각 없이 눈으로 읽어 보세요. 이유는 문장 날것이 주는 감각을 몸이 본능적으로 느끼도록 하기 위해서입니다.

② 글쓴이의 태도와 글을 관통하는 정서를 생각하며 읽어 보세요. 나만의 느낌을 포착해야 합니다. 느낄 때까지 다음 단계로 넘어가지 마세요. 바쁠 일 있나요. 제가 잘 아는데 여기까지 읽으셨으면 안 바쁜 분들입니다. 언제나 느긋하게.

음독

① 발음이 어려운 부분을 찾아 표시하고 읽어 봅니다.
② 강조할 단어들을 찾아 표시하고 부분 연습해 봅니다.
③ 어떻게 끊어 읽는 것이 낭독할 글 전체에 리듬을 만들지 고민합니다.
④ 쉬어 가는 부분의 시간을 어느 정도 둘 것인지 정합니다.

음독 2

리허설입니다. 그려 놓은 악보의 어려운 부분들과 강조하고 싶은 문장과 단어를 미리 연주해 봅니다.

낭독

실전은 연습처럼! 짧은 시라면 외워 보는 것도 권합니다. 대신 외운 후에는 시를 보고 읽습니다. 이유는 비밀입니다. Q&A에서 자세히.

정답: 아하요 : 읽어야 할 부분을 정확하게 하기에나 감정을 공들여 읽을 필요가 있을때

단원 정리 마치면 보통 쉬는 게 맞겠죠? 그런데 이쯤에서 생각이 납니다. 발음은 어떻게 할 것인가. 편하게 막 하라는 말인가? 낭독의 절반이 발음 아닌가? 발음 연습 먼저 해야 했던 거 아냐? 등등의 의문들이 솟아날지도 모르겠네요. 그럼 내일은 발음 얘기해 보겠습니다.

Tip 어미 처리하는 방법을 이야기해 볼게요

어미는 문장의 끝부분을 뜻하죠. 질문이 아닌 이상 보통 어미는 내려서 읽어요. 아나운서와 성우의 문장을 마무리하는 방식은 대개 톤을 낮춰서 어미를 내리곤 해요. 어미를 내리는 정도도 필요에 따라 조금씩 조절합니다. 어미를 올리면 지역 방언처럼 들릴 겁니다. 방언이 나쁘다는 게 아니라 낭독은 표준어로 하는 것이니까요. 일단 어미는 내린다고 생각하시고 필요에 따라 올리는 부분도 생각해 봅시다. 자, 정리하죠. 대부분 어미는 내린다. 아비는 정전이다. 규환인가?

낭독일기

내용 없는 아름다움 A, B, C 그리고 D

김종삼의 시 「북 치는 소년」에는 먼 서양에서 온 크리스마스 카드를 받는 아이가 등장한다. 아이는 외국어를 모르니 뜻을 해석할 수 없었겠지만, 카드를 받았다는 사실만으로 아주 먼 곳까지 생각을 드리우고 상상하고 있을 것이다. 북 치는 소년이 그려진 카드에 적힌 낯선 외국어를 바라보는 소년. 소년이 크리스마스 카드를 이해하지 못했다고 할 수 있을까? '내용 없는 아름다움'이다. 고산금 작가의 진주 텍스트 작업처럼, 나의 한국어 낭독을 듣던 일본 사람처럼, 후이징 법사의 눈빛 언어처럼 우리는 살면서 때때로 '내용 없는 아름다움'을 만나게 된다.

눈으로만 봐서는 독해가 어려운 현대시지만 낭독해 보니 알 것 같을 때, 이해는 안 되는 문장인데 발음해 보니 이상한 감정에 마음이 흔들렸다면, 그것은 이해 너머의 이해일 것이다. "시는 이해되기 이전에 전달된다"라는 말이 있다. 진짜 언어는 언어 밖에 있을지도 모른다. 언어의 독해에만 집착해 온 우리는 낭독을 통해 새로운 방식의 '이해'를 발명할 수 있을 것이다.

Day Mission

15

🐤 x 100

'우리 사이 오리 사이'
열 번씩 열 번 읽기

낭독의 기본이 발음 아닌가요? 아직도 언급하지 않는 것이 이해가 되지 않습니다, 라고 말씀하시는 분들께 묻겠습니다. 어머, 님 감당하실 수 있겠습니까? 전적으로 저를 믿으셔야 하지만 의심되고 궁금하시다면 발음 이야기 좀 풀어놓아 볼게요. 한글 발음 어렵습니다. 우선 표기와 발음이 일치하지 않기 때문입니다. 영어와 프랑스어는 표기와 발음이 90퍼센트 이상 일치하지 않습니다. 반면 독일어, 이탈리아어, 포르투갈어, 일본어는 표기와 발음이 일치해 발음부호가 없죠.* 한편 한국어는 40퍼센트가량 일치하지 않습니다.

'민주주의의 의의' 어떻게 발음하실래요? (정답은 Q&A에) 영어와 프랑스어보다야 낫지만 한국어의 40퍼센트 정확히 발음하려면 법칙을 공부해야 할 텐데, 여간 어려운 게 아닙니다. 표준발음법은 총7장으로 구성되어 있으며, 제1장_총칙, 제2장_자음과 모음, 제3장_음의 길이, 제4장_받

---

* 이규항, 『재미있는 한국어의 미학』, 형설출판사, 2019.

침의 발음, 제5장_음의 동화, 제6장_경음화, 제7장_음의 첨가로 이루어져 있는데 예외가 많아 난감하죠.

먼저 쉬운 예로 노래 가사에서 자주 틀리는 발음부터 볼까요? 곁으로[겨트로]를 [겨츠로]로 대부분 잘못 발음합니다. 계속해서 생각나는 대로 읊어 보겠습니다. '날씨가 맑아서'는 [말가서]로 발음하는데 '날씨가 맑습니다'는 [막씀니다]로 발음하고, '똥을 밟다'에서 밟다는 [밥:따]로 발음하고 '넓둥글다'는 [넙뚱글다]로. 그럼 '굵직굵직하다'는 어떻게 발음할까요? 어색하지만 [국찍국찍카다]로 발음하는데 표준어 발음 규정을 찾아보면 모두 이유가 있습니다. 예외도 있고요. 아니 많고요. '사이시옷' 규정은 말도 꺼내기 싫네요. 외래어 발음은 또 규정도 없어요. 표기만 있죠. 핀란드는 [핀난드]로 발음하는 것도 어색하죠. 우리가 아는 자일리톨의 나라가 아닌 것 같은 발음입니다. '통팥을 넣은 통닭을 먹으러 가야 하는 까닭입니다'[통파틀 너은 통달글 머그러 가야 하는 까달깁니다]. 이 또한 이상하지만 표준 발음입니다. 또 발음에는 고저와 장단이 존재하고 여기서 동형이의어가 파생되지요. 그 수가 헤아릴 수 없이 많으니 아나운서들은 평생 사전을 찾아야 하지요. 영:등포('이영등포'를 빠르게 읽는 느낌)와 성:수대교('스엉수대교'를 빠르게 읽는 느낌) 같은 장고모음의 발음법을 안다 한들 실제 방송에서 정확하게 조음해 음성화하기란 전문가들에게도 쉬운 일이 아닙니다.

앞선 예시들은 공부를 위한 게 아니라 발음에 너무 집착하지 마시라고 설득하기 위한 것입니다. 굳이 낭독보다 발음을 먼저 공부하시겠다는 분들을 말리지는 않겠어요. 인터넷에서 '한국어 표준발음법'으로 검색하면 규정을 쉽게 찾으실 수 있을 겁니다. 내가 매일 쓰는 한국어인데 어려우면 얼마나 어렵겠니, 하고 발음 공부에만 매진한다면 낭독 자체에 흥미가 떨어질 수 있습니다. 한번 공부한다고 다 외워지지도 않을뿐더러 적용하려면 오랜 시간 훈련이 필요합니다. 저자여 당신은 발음하면 다 잘되니까 좋겠다, 라고 비뚤어진 마음을 갖지는 마시고요. 우리 느낌만 생각하고 가실게요. 낭독에서 중요한 건 느낌입니다. 기타 처음 치는데 슬라이딩, 슬랩핑, 풀링오프, 풀링온, 비브라토, 밴딩, 하모닉스 이런 주법들을 먼저 다 공부하고 연주할 수는 없어요. 필요할 때 찾아보고 연습하는 거죠. 첫 잔에 만취할 순 없어요. 우리 욕심내지 말기로 해요.

그래도 너무하는 거 아니냐고 하는 분들께 몇 가지 조언을 드리면 모음이 발음의 전부라고 보셔도 된다는 겁니다. 발음이 나쁘다 좋다는 보통 모음에서 좌우되는데 입에 힘을 주고 부지런히 움직이면 좋게 들릴 겁니다. '아' 발음은 크게 하고, '우' 발음은 입을 쭉 빼야 하죠. 우리가 배운 모음 삼각도나 사각도에 보면 조음점이 정확히 표시되어 있는데 참고해서 모음 발음을 공부해 보세요. 그런데 그림을 본다고 정확히 할 수 있다면 얼마나 좋을까요? 특히 복모음이나 장고음의 경우 조음법이 까다로워 전문가들도 정확히 발음하기가 쉽지 않습니다. 저는 쉽고요. 발음이 만들어지는 것은 지판 위에서 미세한 손끝의 감각으로 음을 만드는 첼로 연주와 같습니다. 많은 연습이 필요합니다. 발음만 신경 쓰면 낭독이 재미없고 어려워지니 발음 공부는 좀 미뤄 두기로 하죠. 『미루기의 천재들』이란 책이 있더군요. 레오나르도 다빈치도 미루기의 왕이었다는데, 천재도 아닌 저는 왜 자꾸 미루기만 할까요.

그래도 Tip

얼굴에는 42개의 근육이 있습니다. 특정 발음이 안 된다는 건 그 발음을 할 때 사용하는 근육이 발달하지 못했다는 것이죠. 보디빌딩처럼 입 근육을 발달시키는 게 필요합니다. 이것을 '마우스빌딩'이라고 해 볼까요? 낭독할 문장을 기본으로 생각해 둔 속도에서 1.5배로 천천히 읽어 보세요. 의미를 전달하는 데 집중하지 말고 단지 발음에만 신경 써서 읽어 보세요. 가능하면 본인이 할 수 있는 한도에서 입 모양을 크게 하면서요. 연습 후 입과 턱이 뻐근한 느낌이 들어야 제대로 하신 겁니다.

우리 사이 오리 사이

'**우**'는 입이 가장 튀어나오는 발음입니다. 제대로 발음하려면 코끝과 평행하게 입이 튀어나오죠. '**이**'는 입이 가장 양옆으로 벌어지는 발음입니다. 비굴하게 웃을 때 이런 표정이 나옵니다. '**아**'는 입이 가장 크게 벌어지는 발음입니다. 이 세 가지 입 모양을 조합해 만든 회심의 발음 연습 단어가 '**우리 사이 오리 사이**'입니다. 무슨 뜻이냐고 물어보시면 곤란합니다. 낭독 전에 열 번씩 발음해 보세요. 천천히도 해 보고 빨리도 해 보고 연습하면 입 주위의 근육이 발달하게 될 겁니다. 2주 정도면 이전 발음과 확연히 달라진 자신을 발견할 수 있다면 얼마나 좋을까마는 그렇게 쉽게 되진 않습니다. 매일 발음을 신경 쓰는 아나운서들도 하루아침에 발음이 좋아진 건 아니니까요.

그러니까 발음은 내용 전달에 무리 없을 정도로 한다

고 생각하기로 하죠. 비슷한 효과를 주는 문장 '**우주에서 온 오로라 공주야 하와이 니가 가라**'도 연습해 보세요.

낭독일기

안 보아도 비디오, 안 들어도 오디오

아나운서실은 일 년에 한 번 새 식구를 맞는다. 신입 아나운서들은 입사 후 다양한 교육을 거쳐 합평을 받는데 여러 선배에게 조언을 받는 자리다. 꽤나 혹독하다. 수백 대 일의 경쟁을 뚫고 들어왔지만 웃을 수 있는 이는 드물다. 십여 년 전쯤 다큐멘터리 「인간극장」에서 신입 아나운서 교육을 다룬 적이 있는데 엄격함에 놀란 시청자들이 많았다. 선배들은 먼저 소소한 칭찬으로 이야기를 시작한다. 이것은 뒤에 있을 가혹한 모니터의 복선이다. B군은 목소리는 참 좋은데로 시작한다면 목소리만 빼고 다 문제라는 식의 의견을 촘촘한 논리로 설파한다. 말을 잘해 월급까지 받는 사람들이니 오죽할까.

  교육 담당을 오래 했고, 신입 아나운서 뉴스 합평회에 자주 참석했다. 재미있는 점은 뉴스 실력이 조금 부족한 아나운서도 다들 듣는 귀는 놀라운 경지라는 것이다. 귀명창이 되어야 자기 방송도 잘할 수 있는 법이니까. 지금은 퇴직하신 위원실의 한 원로는 사람의 말투만 들어도 어떤 도都의 남부 북부 출신인가까지 정확히 맞히기도 했다는 전설 같은 일화가 있다. 이런 언어의 귀신들 사이에 놓인 신입들은 잠시 누리던 합격의 기쁨도 내려놓고 회의감에 사로잡힐 수밖에 없다.

    매해 신입 아나운서마다 지적받는 내용이 대체로 유사하다. 뉴스를 듣지 않고도 이렇게 모니터링하면 80퍼센트는 적중한다. "음, A 아나운서. 느낌은 참 좋은데 특유의 조가 좀 있고 어미 처리가 매끄럽지 못하네요. 복모음 발음은 입을 더 조여서 해 줘야 할 것 같고요. 문장을 자기 숨 쉬는 데서 끊으면 어떡합니까. 의미 단위로 끊어야죠. 발성 연습도 더 하셔야 할 것 같네요. 소리가 입안에서만 놀아. 그리고 뉴스마다 내용이 다른데 어떻게 똑같은 태도로 읽습니까? 적어도 날씨랑 뉴스 본문이랑은 차이를 둬야죠. 아나운서를 흉내 내는 게 아니라 이제 아나운서가 된 겁니다, 여러분들은. 그걸 꼭 기억하셔야 해요. 그래도 밭이 워낙 좋아서 뭐든 뿌려도 잘 자랄 겁니다. 잘 들었습니다." 합격 소식을 듣고 바위산 같았던 기세가 모래알처럼 작아진다. 그들은 이렇게 아나운서 생활을 시작한다. 이 글을 세 글자로 요약해 전한다. '하물며.'

Day Mission

16

강조의 세 가지 방법을 배워 볼까요?

'나는 멋지게 낭독하고 싶어서 돈 주고 책을 산 건데 기교 부리는 법이 없군' 하며 실망하고 계실지도 모르겠네요. 그런 이유가 아니더라도 그냥 낭독하기는 좀 심심한가요? 성우나 아나운서처럼 낭독하는 느낌이 나면 좋겠는데 뭐 없을까요? 질문하는 분이 있을 것 같습니다. 지금부터 알려드릴 내용은 낭독 전문가처럼 보이는 효과도 있겠지만 무엇보다 정확하고 효율적으로 텍스트를 전달하는 방법이에요. 세상의 모든 텍스트를 읽을 수 있는 방법이 이 안에 있다고 생각해요. 성조·쉼·속도, 영어로는 톤tone·포즈pause·템포tempo입니다. 이 세 가지를 조절해서 조금 더 깊이 있고 완성도 높은 낭독을 해 볼게요. 단어나 문장을 강조하는 방법을 통해서인데요. 앞서 조금씩 자연스레 살펴본 내용입니다. 재미있는 점은 오늘 알아볼 톤·포즈·템포 이 세 가지가 모두 음악에도 있다는 겁니다. 톤·포즈·템포를 음정·쉼표·박자로 바꾸어 말할 수 있는데요. 낭독은 노래를 부르는 일 또는 '나'라는 악기를 연주하는 일과도 같은 것이라고 저자는 거듭 강조합니다.

● 성조(톤)

 '성문'이란 말을 들어보셨나요? 종합영어가 연상된다면 고령화 사회의 일원을 담당하는 독자시겠군요. 성문^{聲紋}은 소리의 문양이란 뜻입니다. 지문처럼 각자 고유의 파형을 가지고 있는데, 주파수 분석 장치를 사용해 음성을 파형으로 나타낸 것입니다. 범죄 수사에 쓰이기도 하니 착하게 살아야겠다는 말씀을. 성조^{聲調}는 성문과 친족입니다. 음악 연주의 스케일 같은 거예요. 스케일이 뭐냐고요? 아픈 거는 스케일링이고요, 스케일은 흔히 말하는 '키 key'입니다. 노래방에서 "한 키 내려 줘, 여성키로 바꿔 줘" 할 때의 그 '키'라고 보시면 되고요. 내가 어떤 음의 범위 안에서 연주할 것인가를 생각하는 거죠. 혹은 조성을 잡는 일이라고 생각해도 됩니다. 클래식 음악 보면 '쇼팽의 야상곡 8번 D♭장조'처럼 조성을 표시해 두잖아요. 작곡가는 이 음악에 알맞은 조성으로 곡을 만들었겠죠. 만들고 맘에 들지 않아서 조성을 바꿨을 수도 있겠고요. 내 목소리로 연주하기에 맞는 조성을 찾는 일이 톤을 잡는 일입니다. 박효신의 「야생화」를 원키로 부르면 옳겠습니까?

● 쉼(포즈)

음악에 쉼표가 없다면 어떨까요? 음악 시간에 배웠던 8분 쉼표, 4분 쉼표, 2분 쉼표, 온쉼표 기억하시나요? 베토벤 「운명」 교향곡의 도입부를 생각해 봅시다. 빰빰빰빠암 하고 쉼표가 존재하기 때문에 곡이 주는 긴장감이 살아나는 것이겠죠. 그림의 작은 여백들이 주제가 되는 대상을 선명하게 부각해 주듯, 삶에서 쉼이 필요하듯 낭독에도 쉼표가 필요합니다. 쉼(포즈)은 다음 문장 읽을 힘을 비축하는 일이죠. 앞 문장의 느낌과 메시지를 고려해서 쉬고 다음 문장을 이어가는 건데요. 단어와 단어 사이에도 적당한 포즈를 두어 듣는 사람이 문장과 문맥을 잘 이해할 수 있도록 합니다. 강조를 위해서 쉬어가기도 하는데요. 쉬어 가는 지점의 앞 단어와 뒤 단어가 강조되는 효과가 있습니다. 물론 숨을 쉬기 위해서이기도 하고요.

여기서 또 한 가지, 야구에서 밀어치기와 당겨치기가 있죠. 치는 건 매한가지인데 타구의 방향이 달라집니다. 낭독에도 '밀당'이 필요합니다. 문장을 반 박자 앞서 들어가 읽는 느낌과 반 박자 뒤에 들어가 읽는 느낌은 미묘하지만 분명 다릅니다. 음악에서 그루브groove라고 하는 요소인데, 말로는 다 설명하기 힘듭니다. 낭독 능력자들의 낭독을 듣고 느껴 보시기 바랍니다. 저요.

● 속도(템포)

음악이 모두 한 박자로만 만들어져 있다면 얼마나 지루할까요. "우연이 아니니까 DNA"가 모두 한 박자라고 생각해 보세요. 낭독도 마찬가지로 다양한 박자로 연주되어야 합니다. 그 박자는 여러분이 만들어 나가는 거지요. 어떤 문장은 빨리 흘려보내고 어떤 문장은 곱씹는 느낌으로 천천히 읽어 주는 것이 낭독에서 의미와 느낌을 살리는 데 중요한 역할을 합니다. 아주 간단해요. 강조하고 싶은 것은 천천히, 빨리 읽어도 이해가 되는 술어의 어미들은 흘려보내듯 읽으면 됩니다. 물론 이것이 기계적으로 이루어질 수 없는 것은 텍스트마다 어떻게 속도 문제를 풀어 가야 할지 모두 다르기 때문입니다.

Tip

우리가 역사 강사 설민석 씨의 강의에 귀 기울이게 되는 이유가 몇 가지 있습니다. 첫째, 목소리의 울림이 좁지만 또렷한 느낌을 주어 돋들립니다. 둘째, 역사에서 흥미로운 지점을 잘 부각해 스토리텔링하기 때문입니다. 연극영화과 출신답게 역사적 인물의 적절한 연기도 곁들이면서 말이죠. 세 번째로 그의 언어 구사 기술입니다. 단어와 문장의 중요도에 따라 음의 크기와 높이가 다른데, 자유자재로 말에 굴곡을 주어서 듣는 이가 집중하게 만드는 힘이 있습니다. 필요 없는 문장은 흘려보내고, 중요한 단어에 힘을 주며, 궁금한 이야기가 나오기 직전에 급브레이크를 걸고 분위기를 환기하는 능력이 뛰어납니다. 성조·쉼·속도 기법들을 효과적으로 잘 이용한 예입니다.

낭독일기

좋은 내레이션, 슬픈 내레이션

좋은 내레이터는 읽지 않는다, 말한다. 달을 가리키는 손가락처럼 목소리로 화면을 가리킨다. 내레이터는 달을 보게 하는 자다. 화면에 집중하도록 도와주되 자신의 존재감은 숨겨야 한다. 슬픈 내용의 내레이션 원고를 너무나 구슬프게 읽는 내레이터를 보았다. 울기 직전이다. 눈물이 임박해 있다. 슬픔이 인다, 내레이터에게만. 내레이션은 남을 울리는 일이지 내가 우는 일이 아니다. 나는 자신의 색 없이 색을 말할 수 있는 사람이길 바란다. 좋은 내레이터는 설명하지 않는다. 목소리로 중심을 가리킨다.

Day Mission

17

강조의 기법을 이용해
「서시」의 마지막 문장을 읽어 봅시다

어떨 때 낭독이 아름답다고 느끼나요? 낭독자의 목소리가 좋을 때? 틀리지 않고 유창하게 읽을 때? 이유는 모르겠지만 그냥 느낌이 좋을 때? 모두 맞습니다. 이 모든 것이 두루 잘 갖춰진다면 좋겠죠. 좋은 낭독은 우리가 좋은 음악이라고 느낄 때 받는 모든 요소를 포함합니다. 앞서 성조(톤)·쉼(포즈)·속도(템포)를 음악용어인 음정·쉼표·박자로 바꿀 수 있다고 말씀드렸어요. 보통 노래 잘하는 사람을 칭찬할 때 "음정 좋고! 박자 좋고!"라고 하죠. 마찬가지로 음정과 박자가 잘 맞고 잘 쉬어 가면 좋은 낭독이 됩니다. 앞 장에서 개념을 살펴본 세 가지를 활용해 좋은 낭독을 만드는 법을 이야기해 봅니다.

● 성조(톤) 조절을 이용한 강조

아직도 정확히 어떤 건지 감이 안 잡힐 수도 있겠습니다. 음성언어 이야기를 글로 하다 보니 한계가 많군요. 음악에서 전조轉調라는 게 있는데, 조를 바꾼다는 의미죠. 남녀 듀엣곡의 경우 자신의 음역에서 노래 부르기 쉽게 조를 바꿔 부르도록 남녀 파트의 조가 달라집니다. 예를 들면 가수 김범수 박선주가 부른 「남과 여」라는 곡에서 남성 보컬 부분이 여성 보컬로 바뀌는 부분에서 살짝 '조'가 바뀌게 되지요. 같은 멜로디를 부르기 쉽게 조만 바꾼 것이죠.

동요 「비행기」로 쉽게 예를 들어볼게요. 이 곡은 사라 헤일Sarah Josepha Hale과 존 로울스톤John Roulstone이 작곡한 미국 민요라는 사실 모두 알고 계실 겁니다. 작사가 윤석중이 가사를 붙였고요. 계이름은 '미레도레미미미'로 시작하죠. 이 곡은 '라솔파솔라라라'나 '시라솔라시시시'로 바꿀 수 있습니다. 조는 바뀌었지만 박자 멜로디는 바뀌지 않았죠. 강조하기 위해 갑자기 조가 바뀌었다가 제자리로 돌아오는 방식으로 어떤 단어나 문장을 강조할 수 있어요.

동요 「비행기」를 노래로 한다고 생각해 봅시다. '떴다 떴다 비행기 날아라 날아라'를 읽을 때 단어 **비행기**를 강조한다고 생각해 보죠. 원래 노래는 '미레도레 미미미 레레레 미미미'로 연주하는데 이것을 '미레도레 파파파 레레레 미미미'로 연주하는 겁니다. 음악에서는 이상하게 들리겠지만 낭독에서는 돋들리는 효과를 줍니다. 어렵네요. 쉽게 설명하기 위해 비유를 들었는데 더 어려워졌는지도 모르겠습니다. 우리 인생이 그렇죠. 늘 미궁이고, 어려워지는 중입니다. 문장 안에서 강조하고 싶은 단어나 문장의 멜로디를 올리고 미세하게 힘을 싣는 느낌으로 읽으면 분명 강조됩니다.

　오늘 밤에도 별이 바람에 스치운다.

　여기서 **별이**를 강조한다고 생각하면 **별이**의 톤을 살짝 올려서 읽으면 됩니다. 처음엔 강하게 읽는다고 생각하면서 연습을 통해 강도를 조절하고 느낌을 만들어 보세요. 미세한 차이가 좋은 낭독을 만듭니다.

● 쉼(포즈) 조절을 이용한 강조

　음악에 쉼표가 있듯 낭독에도 쉬어 가야 하는 지점이 있습니다. 나는 호흡이 긴 전직 해녀 출신이라 한두 문장 정도는 숨을 안 쉬고 읽는데, 라고 말씀하는 분이어도 낭독에선 쉬어 가야 합니다. 쉼(포즈)은 앞의 단어와 문장을 인지할 수 있는 시간을 주고, 이미지와 감정으로 치환하는 시간을 벌게 해 주는 중요한 일이기 때문입니다. 쉬되 자기 숨이 끝나는 곳이 아니라 의미 단위로 끊어서 읽어야 합니다. 문장을 끊어 읽는 가장 큰 이유는 효과적인 의미 전달 때문입니다.

　또 여담 시작합니다. 조선 후기에는 급격히 소설이 많아

졌다고 해요. 전기수傳奇叟라는 직업 낭독가가 출현하게 되는데 약간의 돈을 받고 낭독 버스킹을 하는 거죠. 글을 모르는 서민들이 많으니 당시엔 소설을 낭독으로 들어야 했을 겁니다. 그래서 사람이 많이 모이는 장터 같은 곳에 전기수가 나타나 좌중들에게 이야기를 풀어 놓았습니다. 그들의 비법을 네 가지로 요약할 수 있는데요.

① 읊조리듯, 노래하듯 읽어라.
② 가슴으로 외워라.
③ 눈길과 표정, 자세를 청중에게 맞춰라.
④ 이야기가 고조되는 부분에서 잠시 멈춰라.

가장 중요한 비법이 이야기가 고조되는 부분에서 잠시 멈추는 것이었다고 합니다. 이를테면 심청이가 임당수에 빠지기 직전 갑자기 이야기를 멈추는 거죠. 그러면 군중들은 다음 이야기가 궁금해 재촉하며 전기수에게 돈을 던집니다. 또 학창시절 선생님들 중 수업의 고수는 늘 작게 이야기하고 학생들이 떠들면 말을 멈추었죠. 갑작스러운 침묵은 공포스럽기까지 합니다만, 때로 분필이 날아가기도 합니다만, 효과적인 집중법입니다. 조금 다른 맥락이긴 하지만 우리가 이야기하는 '포즈'의 힘을 방증하는 좋은 예일 듯 합니다. 전기수는 이야기의 단락에서 포즈를 두고 다음 이야기에 집중시키지만 우리 낭독에선 어떤 단어에서 호흡을 멈추어 다음 단어가 잘 들어오게 만드는 것입니다.

　　오늘 밤에도 / 별이 / 바람에 스치운다.

별이를 강조하려면 어떻게 읽어야 할까요? 보통 쉬어 가는 부분의 앞말, 즉 마지막 단어의 여운이 남아 강조되는데요. 별이 앞에서 뒤에서 끊고 쉬면 강조됩니다. **오늘 밤에도 별이** / 하며 잠시 쉬어 가는 동안 **별이**가 돋들리고 이어지는 것입니다. 극단적으로 앞과 뒤에서 쉬어 간다면 확실히 강조되겠죠. 얼마나 쉬는지에 따라 강조의 강도는 달라집니다. 호흡을 아예 내려놓는 것이 아니라 쉰다는 느낌만 주는 식으로 끊는 것이기 때문에 실제로 해 보시면서 감각을 익혀야 합니다.

● 속도(템포) 조절을 이용한 강조

원리는 간단합니다. 불필요한 부분은 빨리 읽고 강조하고 싶은 부분은 천천히 읽는 것이죠. 너무나 당연한 말 같지만 실제 낭독에 적용해 보면 쉽지 않습니다. 보통 '했습니다', '합니다', '-이었다' 같은 자주 반복되고 빨리 읽어도 알아들을 수 있는 부분은 속도를 주어 흘려보내지요. 이것도 일괄 적용할 수는 없습니다. 그럼 대체 어디를 얼마나 빨리 읽으란 건지 혹은 느리게 읽으란 건지 메트로놈 같은 기기로 속도를 잴 수도 없으니 답답하지만 연습하다 보면 느낌으로 알게 됩니다. 저자가 또 느낌 타령이네요. 순서상 여담이 시작될 겁니다.

얼마 전에 본 다큐멘터리 이야기를 해 보죠. 곤도 마리에라는 일본인은 '집 정리'의 달인인데, 그녀의 물건 버리는 법의 기준은 간단합니다. "설레지 않으면 버려라." 버릴 물건을 잡고, 귀여운 강아지 한 마리를 안았을 때의 느낌을 받지 못하는 물건은 버리라고 충고합니다. 그냥 버리는 것이 아니라 "그동안 고마웠어"라는 감사 인사를 덧붙이는데, 대체 물건이 생물도 아니고 무슨 소꿉장난 같은 일을 하는 거지라고 생각할 수도 있지만, 물건에도 마음이 있다고 생각합니다.

실제 오래된 물건들을 보면 사용한 사람의 기운이 느껴지기도 하죠. 신비주의, 사이비 철학을 이야기하는 건 아니고 낭독에서도 설레는 단어나 문장을 잘 감지해 강조하고 그렇지 않은 부분들은 흘려보내는 식으로 적용할 수 있다는 이야기입니다. 사물에 감정이 생겨난다면 문장도 고유의 감정이 있으리라 생각하니까요. 특히 자신이 낭독한 문장에서 발생시킨 음성 에너지가 평범한 한 줄의 낭독이라고 생각하지는 않습니다. 또 이야기가 남극까지 갔다 왔네요.

오늘 밤에도 별이 바람에 스치운다.

오늘 밤에도 부분은 문맥상으로 크게 강조할 말은 아닌 듯하니 빨리 읽어 보내는 것은 어떨까요? 그리고 **별이**를 조금 천천히 읽어 준 후 **바람에 스치운다**라고 빠르게 마무리하면 **별이**는 강조될 겁니다. 나는 **별이**보다 **바람에**를 더 강조하고 싶은데, 라고 생각하신 분은 **오늘 밤에도 별이**를 빨리 읽고 **바람에**를 천천히 읽은 후 **스치운다**라고 빠르게 맺음하면 **바람에**가 강조될 겁니다. 시는 시인이 만들지만, 시를 소유하는 건 독자입니다. 시인은 시를 떠나보내는 사람, 독자는 시를 갖는 사람, 그러니 시의 악보는 여러분의 마음이 가는 방향을 잘 바라보면서 만들면 되는 겁니다.

● 성조(톤)·쉼(포즈)·속도(템포)를 함께 이용한 강조

간단합니다. 간단하지도 않으면서 매번 거짓말이네요. 하지만 제가 할 수 있는 것이라곤 문장으로 낭독을 설명하는 일이라 여러분은 더 어렵게 느껴지실 겁니다.

세 가지 강조법을 충분히 연습하셨다면 이 세 가지를 동시에 적용하는 방식을 생각해 보죠. 중요한 말의 톤을 올리고-톤(성조)-뒤에서 쉬고-쉼(포즈)-천천히 읽는다면-속도(템포)-한 가지 방법을 사용하는 것보다 훨씬 더 강조될 겁니다. 간단하죠? 백종원 씨도 아닌데 저자는 매번 간단하다네요. 그래도 연습하면서 읽기의 새로운 감각을 일깨우길 바랍니다.

여기까지가 강조의 기술 아닌 기술입니다. 자, 그럼 다시 「서시」를 볼까요? 이전과는 달리 느껴지지 않나요? 악보를 다시 한번 그려보세요. 이전보다 조금 복잡해졌을지도 모릅니다. 지휘자의 오래된 악보처럼.

서시

죽는 날까지 하늘을 우러러
한 점 부끄럼이 없기를,
잎새에 이는 바람에도
나는 괴로워했다.
별을 노래하는 마음으로
모든 죽어가는 것을 사랑해야지
그리고 나한테 주어진 길을
걸어가야겠다.

오늘 밤에도 별이 바람에 스치운다.

Tip

낭독하다 자꾸 틀리고, 자기 목소리가 의식되어서 불편한가요. 그럴 땐 이어폰이나 헤드폰을 끼우고 자기 목소리가 들리지 않을 정도로 볼륨을 올립니다. 그리고 낭독해 보는 건데요. 녹음해서 들어보세요. 영화 「킹스 스피치 King's speech」 보셨나요? 갑자기 왕이 된 영국의 조지 6세의 실화를 바탕으로 만든 영화입니다. 말더듬이 왕 조지 6세의 언어치료사는 그에게 헤드폰을 끼워 주고 모차르트의 「피가로의 결혼」 서곡을 틉니다. 그리고 셰익스피어의 「햄릿」을 읽어 보라고 하죠. 이것을 녹음해서 왕에게 들려주는데, 놀랍게도 왕은 더듬지 않고 낭독을 마쳤습니다. 자신의 말 더듬는 습관을 덜 의식하고 읽었기 때문이겠죠. 낭독에도 이런 방식은 유효할 것 같습니다. 텍스트에만 집중하고 나를 의식하지 않을 수 있다면 분명 진심이 담긴 좋은 낭독을 할 수 있습니다. 득도하시거나.

낭독일기

기이한 낭독

내가 경험한 이 세기 최고의 낭독이 있다. 관객들은 대한민국 국민이었다. 낭독자는 전파를 통해 덤덤히 글을 읽어 내려갔다. 지극히 건조한 문체였지만 사람들은 울고 환호성 치고 탄식하고 웃었다. 하나의 텍스트가 이렇게 다양한 감정을 만들어 낼 수 있다니, 놀라운 일이었다.

 나는 그날 거리에 있었다. 이곳저곳에서 산발적으로 터져 나오는 사람들의 소리를 들었다. 눈물이 고이다 화가 났다 기뻤다 허무했다 감정은 무작위로 번갈아 오갔다. 분노가 무기력으로 수렴되던 십 년 가까운 시간이 눈앞으로 빠르게 흘러갔다.

 직업상 아름다운 문장을 많이 읽고 들어 보았지만 문학적 요소가 배제된 이런 문장에 나는 울다 화내다 웃고 있었다. 가전제품 사용 설명서 낭독을 듣다가 울어 버린 사람 같았다고나 할까. 이런 이상한 기분은 어디서 만들어지고 어디서 오는 건지, 처음 만들어진 감정에 몸과 마음은 오작동 난 기계 같았다.

  정처 없이 걷다 서점이나 가보자는 핑계로 광화문 쪽으로 향했다. 가라앉은 배와 어김없이 돌아오는 봄의 바다와 세상에 없는 아이들과 나의 부끄러움을 생각했다. 2017년 3월 10일 나는 처음으로 판결문 낭독에 눈물을 흘렸고, 헌정 사상 처음으로 대통령이 파면됐다.

Day Mission

18

나만의 낭독 글을 골라 보세요

「서시」로 완벽(?)하게 낭독 공부를 마쳤으니 하산 기념으로 무얼 읽어야 할까요. 낭독의 필살기나, 최고의 낭독 노하우를 생각하고 여기까지 읽은 분도 계시겠죠. "아니 뭘 제대로 가르쳐 줬어야 문장도 고르고 읽을 준비를 하지"라며 환불하고 싶다는 분들도 있을 거예요. 하지만 너무 많이 읽으셨어요, 고객님. 어차피 읽은 거 몇 장 더 읽어 봅시다.

책장을 둘러봐도 낭독에 좋은 책이 무엇일지 잘 모르겠다고 생각할 수도 있겠어요. 사실 낭독에 어울리지 않는 텍스트는 없습니다. 단지 더 어울리냐 아니냐, 또는 예술적이냐 그렇지 않느냐의 문제죠.

「오디오 진정제―무엇이든 읽어 보세요」라는 전설의 팟캐스트가 있습니다. 일부 지식층들에게 열광적인 사랑을 한 몸에 받았죠. 제 자랑입니다. 시작한 날부터 100위권 내로 진입했고 긴 시간 동안 팟빵 문화예술 분야 1위였습니다. 배창복 아나운서, 김홍범 피디, 김어홍 작가와 함께 만들었습니다. 이름 들어도 잘 모르시겠지만 대단한 팀이었죠. 제가 리더였어요. 세상의 모든 텍스트에 생명을 주자는 기획으로 만들었죠. 박카스 성분, 서울구치소 식단, 나이트 전단지부터 성적표, 영수증까지 모든 것들을 진지하게 낭독했습니다. 웃기려고 만들었는데 웃겼어요. 중간에 들어가는 프로그램 소개 '스팟'도 생각나네요. "당신의 귓구멍을 호강시켜 드립니다. 고품격 하이퀄리티 본격 진지 낭독 방송 오디오 진정제", "약은 약사에게 굿은 무당에게 진정은 오디오 진정제 월요일부터 금요일까지 여러분이 찾아옵니다." 재능 낭비라는 이야기도 들었습니다만 제겐 즐거운 추억이네요. 자랑하려고 꺼낸 이야기에 덧붙이자면 낭독에 대한 편견을 버리시라는 겁니다. 전형적인 낭독의 틀에서 빠져 나와야 예술 쪽을 바라본다고 할 수 있겠죠. 우리가 지금 함께하는 낭독은 그 자체로 예술 행위라고 생각합니다. 예술로서 성립할 것인가를 결정 짓는 중요한 요소 중 하나가 기존의 틀을 깨는 파격인 것이고요.

무엇이든 상관없지만, 자신이 가장 읽고 싶은 것을 읽기로 해요. 자신이 좋아하는 이야기를 자신만의 표현으로 확장해 보세요. 아주 짧은 구절도 좋지만 일단 세 줄 이상의 읽고 싶은 텍스트를 정해 주세요. 그래야 문장의 흐름이 보이거든요. 명언집도 좋습니다. 마트 전단지 문구도 좋습니다. 『불경』『성경』『꾸란』 모두 환영입니다. 읽고 싶은 것을 고르세요. 그리고 악보를 그리세요. 다시 한 번 강조하자면, 악기를 배울 때 가장 빠른 방법의 하나는 자신이 연주하고 싶은 간단한 단 한 곡을 끝까지 완벽히 연주할 수 있게 연습하는 것입니다. 읽고 싶은 것, 좋아하는 문구는 본인이 늘 염두에 두고 사는 관심사를 반영합니다. 우리 삶에 직접적인 영향을 주는 것이죠. 여러분의 삶에 도움이 되는 텍스트를 찾아보아요. 우리는 노래하고 싶을 때 가장 먼저 노래를 고르죠. 좋아하는 음식처럼 끌어당기는 텍스트를 찾아보세요. 목마른 사슴이 우물을 찾듯, 당 떨어진 사람이 초콜릿을 찾듯 내 마음에 결핍된 부분을 채워 줄 수 있는 것, 당기는 것들 말입니다.

지금 서재를 두리번거리며 책장을 뒤적여 보세요. 앞서 언급한 정리 전문가 곤도 마리에처럼 마음의 소리를 잘 듣고 선택해 보세요. 잘 떠오르지 않나요? 수맥 탐지봉 같은 걸 들고서라도 노력해 보세요. 제 생각엔 일기도 좋을 것 같아요. 일단 정했으면 좀 큰 글씨로 출력해 보죠. 프린터가 없으면 백지에 손 글씨로 적어도 됩니다. 우리가 읽어 온 순서대로 악보를 그리고 읽어 보세요. 한 번에 잘 될 리는 없겠지만 성공했을 때의 성취감은 보장합니다.

> 낭독일기

낭독의 발견

안타깝다. 드물게, 진행하고 싶던 프로그램이 사라졌다. 낭독자로 출연해 신경림 시인의 시 한 편을 읽은 것이 인연의 끝이었다. 「낭독의 발견」은 2003년에 시작해 2012년에 종영했으니 벌써 꽤 오랜 시간이 지났다. 글과 연사를 잘 골라, 세련되게 구성한 좋은 프로그램이었는데 많이 아쉽다. 소소한 낭독 모임이 유행인 요즘 다시 편성한다면 주목받을지 모르나 프로그램을 되살리는 일은 쉽지 않다.

2007년으로 기억한다. 황수경 아나운서가 시 한 편을 낭송하다 오래 눈물을 흘렸다. 정약용이 돌림병으로 죽은 두 돌 딸의 묘비에 새긴 시였는데 아이를 키우는 엄마로서 마음이 겹쳤던 것 같다. 자신의 마음을 포갤 수 있는 것이 문학이라면 포갠 마음이 발화하는 것이 낭독일 것이다. 어떤 문장이 자신의 이야기로 바뀌고 몸 밖으로 저절로 흘러나온다면 그 이상의 낭독이 있을까. 그때의 시를 절룩이며 번역해 보았다.

爾形焦黑如炭 (이형초흑여탄)	네 모습 타서 숯처럼 검으니
無復舊時嬌顏 (무부구시교안)	다시는 예전의 귀여운 얼굴 없네
嬌顏恍忽難記 (교안황홀난기)	황홀하게 귀여운 얼굴 기억하기 어려우니
井底看星一般 (정저간성일반)	우물 바닥에서 본 별빛 같구나
爾魂潔白如雪 (이혼결백여설)	네 혼은 눈처럼 깨끗해
飛飛去入雲間 (비비거입운간)	날고 날아 구름 사이로 드네
雲間千里萬里 (운간천리만리)	구름 사이는 천리만리
父母淚落潛潛 (부모루락잠잠)	부모 눈물만 조용히 흐르는구나

어떤 낭독은 글로 우는 울음이다.

Day Mission

19

음악을 깔고 낭독해 볼까요?

낭독회에선 보통 음악을 깔고 낭독을 하죠. 왜 그럴까요? 있어 보이니까? 별로인 나의 목소리를 조금이라도 감추기 위해서? 일부 맞는 이야기지만 다른 이유도 있습니다. 음악은 글보다 쉽게 감정을 전달합니다. 감정의 레일을 미리 깔아 텍스트라는 기차가 듣는 이에게 잘 도착할 수 있게 도와주는 것입니다. 내레이션 더빙을 할 때 가끔 음악 없이 녹음하는 경우가 있어요. 녹음하는 내내 두 배로 힘이 들지요. 음악은 낭독의 방석 같은 것인데 그게 없으면 불편하고 힘든 거죠. 영상에 음악이 미리 깔린 경우, 음악의 정서에 기대어 쉽게 분위기를 잡을 수 있습니다. 자연스레 낭독자가 텍스트에 입힐 멜로디도 수월하게 찾아지게 되는 것이죠. 음악이 없으면 허공을 걷는 것 같습니다. 예전에 제 음반의 기타 녹음을 하는 날이었는데 베이스 파트 녹음 전이어서 기타 세션으로 오신 함춘호 연주자가 힘들어했지요. 허공을 걷는 느낌이라고 말했어요. 음악은 낭독의 밑받침입니다. 어떤 음악은 낭독을 살리고, 어떤 낭독은 음악을 살리기도 하니 좋은 한 쌍입니다.

맘에 드는 음악을 골라 보세요. 가입한 음원 사이트에 들어가 보세요. 분위기에 따라 음악을 골라 놓은 섹션이 있더군요. 제가 추천하는 방법은 내가 좋아하는 음악 중에서 읽을 텍스트와 어울린다고 판단되는 곡을 고르는 겁니다. 읽고 싶은 글과 평소 좋아하는 음악이 어우러진다면 멋진 기분이 들 거예요. 음악도 남이 만든 것이고 글도 작가가 쓴 것이지만 낭독에 두 가지를 조합하는 건 여러분의 창작입니다. 다다이스트 마르셀 뒤샹Marcel Duchamp이 레디메이드인 변기를 예술 작품의 세계로 편입시켰듯 여러분도 창작자가 된 기분을 느끼실 수 있을 겁니다. 예술이란 거창한 게 아니죠.

음악을 선곡하는 일은 정말 어렵고, 설명하거나 가르칠 수 있는 영역이 아니에요. 음악 프로그램 라디오 PD의 경우 매일 컴필레이션 음반을 만드는 기분으로 선곡하는데, 왜 이 곡 뒤에 이 곡을 이어서 들었는지 설명해 달라면 답하기 곤란해하는 경우가 많습니다. 8할이 감각을 통해 얻어낸 결과거든요. 아주 오랜 시간 연마된 내공, '직감'인 것이죠. 낭독할 텍스트에 음악을 고를 때도 마찬가지입니다. 슬픈 내용이니 슬픈 느낌의 음악을 골라야지, 라고 단순하게 결정하지 않습니다. 철저히 감각에 의지해서 어떤 때는 슬픈 멘트에 감정이 없는 듯한 무뚝뚝한 음악을 깔기도 합니다.

멘트를 읽기에 속도가 적당한 음악인지도 확인합니다. 멘트가 시작할 자리와 끝날 자리를 대략적이라도 맞추어 보는데요. 어떨 땐 음악도 좋고 멘트도 적당한데 이상하게 멘트와 음악이 안 섞이고 따로 노는 경우가 있어 급하게 음악을 바꾸기도 합니다. 음성 주파수와 음악의 파장이 잘 안 맞기 때문이겠죠. 음악과 멘트에도 궁합이 있으니 여러분도 유의하시길 바랍니다. 이런 PD의 선곡 작업도 예술의 한 장르라고 저는 생각합니다. 음악이 있는 낭독을 통해 여러분도 같은 기분을 느껴 보세요.

음악과 텍스트를 골랐다면 바로 읽지 말고 음악에 집중해 보세요. 어떤 빠르기인지 어떤 악기가 주 멜로디 악기로 사용되었는지, 음악의 리듬을 타야 합니다. 그렇다고 인위적으로 정 박자에 맞추어서 낭독하는 것은 아닌데요. 읽으면서 음악 사이사이에 낭독하는 텍스트가 잘 배치되는 느낌이 있어야 합니다. 피자 도우에 치즈와 재료들을 잘 펴 놓는 느낌이랄까요. 음악의 도입부를 듣고 어디서부터 낭독을 시작할지 판단해 보세요. 정답은 없지만, 감각적으로 치고 들어가 보세요. 어색하면 다시 감각을 집중해서 시도해 보세요. 여러 번 거듭하다 보면 저절로 알게 됩니다. 힌트를 얻으시려면 라디오 프로그램에서 글 읽어 주는 코너

들을 참고하시면 될 것 같아요. KBS 1FM의 「당신의 밤과 음악」 코너 낭독이 수준급이더군요. 제가 진행합니다. FM 93.1Mhz. 매일 밤 10시.

낭독이 끝나면 여운을 주기 위해 슬쩍 볼륨을 올렸다 내리기도 하고, 낭독이 끝나는 지점에 맞추어 음악을 줄이기도 합니다. 스마트 폰으로도 해 볼 수 있겠네요. 블루투스 스피커가 있다면 더 기분이 나겠죠. 요즘 중국산 싸던데, 하나 장만하시죠. 직구를 추천합니다. 여담이 반인 책이에요.

Tip 배경음악을 깔아도 감정이 잡히지 않는 분께

우리의 언어는 음성으로만 국한되어 있지 않습니다. 대화에서는 비언어적인 손짓과 표정, 눈빛 같은 것이 절반 이상을 차지하고 그것 자체로 의미를 전달해 줍니다. 낭독할 때도 제스처가 있다면 더욱 풍부한 감정을 전해 줄 수 있습니다. 낭독할 때 손을 움직이면 느낌이 풍부해집니다. 내레이션계의 BTS 배창복 아나운서는 손을 안으로, 밖으로 움직이면서 호흡과 흐름을 조절합니다. 낭독도 '밀당'이 중요합니다. 지휘자의 손 끝에 다양한 악기의 연주가 모아지는 느낌과 비슷합니다. 지휘자는 박자만 맞추는 것이 아니라 음악에 대한 자신의 세계관을 몸짓으로 전달하는 사람이죠. 언어가 이르지 못하는 곳에 예술이 있습니다. 여러분도 예술을 하고 있는 거예요. 몸짓을 활용해 보세요. 배창복 아나운서처럼.

문신聞身

어떤 문장은 너무나 아름다워 오래 되짚어 읽게 된다. 와인 맛을 음미하듯 생각의 혀를 굴리다 한 번쯤 소리 내어 읽고 싶어진다. 목소리로 아름다움을 발화해 보고 싶은 욕망이 인다. 인간의 발성 기관을 거쳐 문장은 출력되고, 소리가 된 문장은 다시 귀로, 몸으로 스며들어 새로운 뜻이 된다. 그렇게 문장은 인간의 몸에 문신처럼 새겨진다.

Day Mission

20

우리 녹음해요!

잘 되나요? 잘하고 있는 건지 궁금하세요? 어떨 땐 괜찮은 것 같다가도 어떨 땐 잘 모르겠죠? 녹음해 보세요. 중국의 공원에 가면 할아버지들이 붓에 물을 묻혀 돌바닥에 글씨를 씁니다. '띠슈地書'라고 하는데요. 땅에 하는 서예라는 뜻입니다. '수이비水筆'라는 물붓으로 바닥에 글씨를 쓰면 돌바닥에 흡수되어 글씨는 이내 사라지고 말죠. 지금까지 우리 낭독이 '띠슈'였다면 이제 진짜 서예를 시작하는 겁니다. 녹음해서 몇 번이고 다시 듣고 느낌을 확인해 보세요. 내가 낭독하면서 듣는 목소리와 녹음된 목소리가 다르다는 것도 느껴 보시고요. 어차피 나 혼자 들을 건데 대충 하면 되지라고 생각하실 수도 있으나 성취감이 덜하겠죠. 작은 성공의 기억이 중요합니다. 녹음한 걸 들어 보면서 여긴 이렇게 다시 고쳐 읽으면 어떨까 떠오르는 대로 낭독 악보에 표기하고 다시 녹음해 보세요. 그리고 두 개의 녹음 파일을 비교해 차이를 확인해 보는 거죠.

전문가가 판단해 줘야 하는 거 아닌가라고 생각할 수도 있지만 본인의 목소리를, 자기 낭독을 가장 잘 아는 건 본인입니다. 자신의 낭독에 귀를 기울이면 생각보다 쉽게 답을 찾을 수 있을 거예요. 여기까지 잘 따라오셨다면 분명 보이는 것이 있을 겁니다. 우리 낭독 하루만 할 거 아니잖아요. 판단이 잘 안 되는 것들은 묵혀 두고 나중에 들어 보면 알 수 있어요. 뮤지션들도 곡 작업이 막히면 귀를 쉬었다 다시 시작합니다. 녹음한 파일을 하루 이틀 혹은 일주일 정도 뒤에 다시 들어 보세요. 좋은 낭독인지 아닌지 잘 판단할 수 있을 거예요. 여러분은 스스로 모르는 사이 무언가 알아 가고 발전하고 있을 겁니다.

녹음해 보죠. 불편하다면 음악을 깔지 않아도 됩니다. 처음에 시험 삼아 그냥 녹음해 보고 이후에 음악을 깔고 낭독해 보시는 방법도 추천합니다.

순서는 이렇습니다.

① 스마트 폰 녹음기 앱을 켭니다.
② 마이크와 입을 20센티미터 정도 떼고 준비합니다. 이때 입 바람 소리가 들어가지 않게 주의하세요.
③ 스피커로 음악을 플레이합니다.
④ 레코딩 버튼을 누릅니다.
⑤ 음악이 어느 정도 진행되면 음악에 올라타 텍스트를 읽습니다.

⑥ 낭독을 멈추고 음악의 볼륨을 서서히 줄입니다.
⑦ 녹음을 멈춥니다.

Tip 싱잉 보울Singing bowl을 이용해 보세요

노래하는 그릇이라는 뜻이죠. 주발 모양의 쇠그릇인데 나무 막대로 치거나 가장자리를 문질러 소리를 냅니다. 네팔, 인도, 티베트 같은 히말라야 인근 지역에서 사용하는 명상 도구입니다. 명상하는 분들이 많이 사용해 '명상 주발', '앉은뱅이 종'이라는 뜻으로 '좌종'으로 불리기도 합니다. 대부분의 싱잉 보울이 432Hz의 주파수 음역에 맞추어 만들어진다고 해요. '베르디 A'라는 소리로서 수학적으로도 우주의 주파수와 일치한다고 합니다. 이 도구를 이용해 낭독한다면 기묘한 느낌의 낭독 효과를 얻을 수 있을 겁니다. 득도하시거나.

> 낭독일기

음주 시인의 음유 시인 이야기

친구들은 기타를 치고 시를 좋아하고 예술에 관심 많은 나를 음주 시인이라 부른다. 중심에 술이 있기 때문이다. 음유 시인 이야기를 하려고 꺼낸 말이다. 12세기 초 프랑스 남부 프로방스에서 유럽 최초의 서정시가 태동한 것으로 알려져 있는데 그 중심에 음유 시인 트루바두르Troubadour가 있다. 발견자, 발명자라는 뜻인데 이들은 귀족 기사이며 시인인 세속 음악가들이었다. 이름이 전해지는 이들만 400여 명이라고 하니 당시의 인기와 시대 분위기를 짐작할 수 있다.

음유 시인의 전통은 북부 프랑스 아루투아Artois와 샹파뉴Champagne 지방으로 전해졌다. 12세기 말 트루바두르의 유사 집단 트루베르Trouvère가 생겨났고 프랑스 샹송Chanson의 전통을 만든다. 다시 북동쪽으로 퍼져 독일에 이르자 미네젱거Minnesänger가 생겨난다. 사랑Minne과 가수Sänger가 결합된 단어인데, 이들도 트루바두르나 트루베르와 마찬가지로 기사 계급이다. 이때 미네젱거인 발터 폰 데어 포겔바이데Walther von der Vogelweide에 의해 독일의 리트Lied가 탄생한다.

  14세기경에는 프랑스와 독일 모두 귀족 중심의 음유 시인에서 교양 있는 중류계급의 사람들로 퍼져 나가고, 독일의 직공인 마이스터징거Meistersinger는 그렇게 탄생한다. 바그너의 오페라 「뉘른베르크의 마이스터징거」에는 한스 작스라는 16세기 유명 마이스터징거가 등장하기도 한다. 13세기 이탈리아에서는 트로바토레Trovatore가 등장하는데, 대장간의 노래로 유명한 베르디의 오페라 「일 트로바토레Il trovatore」에 그들의 이야기가 담겨 있다. 그리고 그들이 부른 노래는 칸초네Canzone의 효시가 된다. 영국, 에스파냐 등지로 퍼지면서 근대 서정시의 발생에도 큰 영향을 준다.

  우리가 잘 아는 프랑스의 샹송, 독일의 리트, 이탈리아의 칸초네가 이들로부터 왔다는 것은 흥미로운 사실이다. 앞서 언급한 음유 시인들의 공통점은 시와 음악을 분리하지 않았다는 것이다. 시가詩歌라는 말이 있듯 음악과 시는 사실 한 몸이었다. 시가 노래였고 노래가 시였는데 인쇄술의 발달로 책이 대량 생산되고 묵독이 독서의 주된 방식으로 자리 잡으면서 노래와 시는 분리된 것으로 추정된다. 시에서 말하는 음악적인 요소들은 원래 시가 음악이었기 때문에 자연스레 유전되어 온 것이다. 그렇다면 우리는 시를 노래해야 한다. 희미하지만 오래전 시의 DNA로 거슬러 가 노래를 부르듯 낭독해야 한다. 여전히 눈으로 시를 읽는 것이 익숙한 시대지만, 시를 온몸으로 이해하는 방법은 낭독이다. 모든 시는 우리의 몸을 입어 연주되어야 할 것이다.

Day Mission

21

내친김에 낭독 모임 만들어 볼까요?

녹음이 잘 되나요? 생각보다 재미있다고요? 앞으로 낭독이 재미있어질 것 같나요? 다행입니다. 재미없다면 책을 덮고 얼른 즐거운 일을 찾아 나서십쇼. 하고 싶은 일만 하며 살 수 없는 인생이지만 여가 정도는 적어도 설레는 일만 골라서 편애하세요. 여기서 제안을 하나 해 볼까요? 낭독 녹음을 일기처럼 해 보시는 건 어떨까요? 매일매일 하나의 기록으로 남기는 거죠. 일기를 쓰고 낭독으로 남기는 것도 재미있을 것 같군요. 한 시절의 목소리가 이야기로 남게 되니까요. 입체적인 일기로 남을 것이고 훗날 듣는다면 특별한 감정을 전해 줄지도 모르겠군요. 또 아이가 있든 없든 미래에 내 나이와 같을 아이에게 들려주고 싶은 작은 메시지를 남겨 보는 것도 제안해 봅니다. "너와 나는 동갑이다"로 시작해도 재밌겠네요. 미국에는 하루 15분 아이를 중심으로 가족끼리 낭독하는 캠페인(leadaloud.org)이 있다고 하는데요. 녹음으로 남길 수 있는 재미있는 낭독 방식을 다양하게 떠올려 보세요.

녹음에 재미를 붙이셨다면 휴대용 녹음기를 하나 구매하시는 것도 좋겠습니다. 10만 원 정도에 고성능 녹음기도 많더군요. 중국제는 더 싸고요. 정말 녹음을 제대로 해 보고 싶고 리버브reverve 같은 효과도 넣어서 전문 낭독처럼 들리게 하고 싶다면, 오디오 인터페이스와 마이크를 구매하셔야 합니다. 오디오 인터페이스는 아날로그 오디오 신호를 디지털 신호로 바꾸는 역할을 하고 마이크나 키보드를 연결하는 허브 역할도 하는 기기입니다. 마이크 프리 앰프나 고성능 사운드 카드가 내장되어 있는 경우도 있고요. 제 생각엔 스마트 폰도 충분하다고 생각됩니다. 쓸데없이 돈 쓰지 마시고 쇠고기 사 드세요.

이 책은 나를 위한 낭독서입니다만 낭독을 오래 하다 보면 누군가에게 들려주고 싶을 때가 올지도 모릅니다. 좋은 글을 읽고 누군가와 나누고 싶을 때, 그걸 캡처해서 보여 주기보다 낭독한 오디오 파일로 보내 보는 건 어떨까요. 처음엔 쑥스럽겠지만 의외로 감동할 수도 있어요. 연락이 끊길 수도 있고요.

주위에 맘이 맞는 친구 몇 명이 있다면 낭독 모임을 만들어 보세요. 그런 제안은 역시 어색하다고요? 반복적인 삶에 파문을 만들어 보세요. 은근한 쾌감이 생기는 일입니다.

이 책을 선물하며 제안한다면 흔쾌히 수락할 수도 있을지 모릅니다. 우리는 모두 선물에 약하니까요.

이쯤 해서 제가 좋아하는 여담 시작할게요. 영국 술집 펍 Pub 얘긴데요. 펍은 영국에서 그냥 술집이 아닙니다. 집의 확장이죠. 영국에만 10만 개가 넘는데, 마을의 완성은 펍이라는 이야기가 있을 정도라네요. 마을회관 같은 개념이죠. 모여서 축구도 보고, 당구도 치고, 토론도 합니다. '이글 앤 차일드Eagle and Child'라는 펍이 있는 데 1650년에 문을 연 유서 깊은 술집이지요. 여기가 『반지의 제왕』『나니아 연대기』 같은 판타지 소설이 탄생한 곳이라고 합니다.

이 작품의 작가인 역사언어학자 J. R. R. 톨킨과 종교학자 C. S. 루이스는 '잉클링스Inklings'라는 모임을 만들어 맥주 마시면서 이야기를 만들며 놀았다고 하죠. 옥스퍼드 대학 출신 문학 토론 모임에서 시작했다고 하는데, 스토리텔링과 낭독을 주로 했다고 합니다. 돌아가면서 자기가 가져온 이야기를 낭독하고 듣고 조언해 주고 또 낭독하고 술 먹고 창의적으로 노는 모임이었던 거죠. 영국엔 이런 단체가 5만 개가 넘는 데다 종류도 다양하다고 하네요. 부럽습니다.

낭독 모임이 부담스럽고 불편하다면 일단 편한 친구 한 명과 시작해 보세요. 카페에서 서로 주고받으며 무언가 읽어 보세요. 아니면 편안한 모임에 가서 불쑥 읽고 싶은 글을 보여 주고 읽어 보세요. 처음에는 좀 어색하겠고 그만하자는 사람도 나올지 모르겠으나 어떤 방식으로든 모임을 두 번 이상 이어 갈 수만 있다면 지속될 가능성이 많습니다. 이후 낭독이 당연한 일상이 될지도 모릅니다. 타인의 육성이 나의 몸을 울려 진동을 전해 주고 진동에 담긴 메시지를 받아들이는 일은 멋진 경험이 될 겁니다.

헤밍웨이는 말했습니다. "인간이 갖는 소중한 가치는 기꺼이 위험을 감수한다는 것이다." 불편함이란 작은 위험을 조금만 감수한다면 새로운 감각이 열릴 겁니다. 또 함께하는 낭독은 에너지를 나누는 일입니다. 낭독 모임을 결심했다면 이제 텍스트를 함께 나누는 몇 가지 방법을 소개해 볼게요.

인원은 둘로 시작해도 좋지만 세 명 정도가 적당할 거예요. 둘은 좀 쑥스럽고, 너무 많은 사람들로 시작하면 부담도 되고 불편해지니까요. 친한 사람 셋 정도가 좋습니다. 손님 없는, 눈치 보지 않을 만한 카페를 물색하십쇼. 잡담으로 시작하고 대화가 무르익을 무렵 십 분쯤 시도해 보세요. 반응이 좋고 즐겁다면 계속 이어 가면 됩니다. 짧게 시작하되 시간을 점점 늘려가는 게 중요할 것 같습니다. 틀리는 건 신경 쓰지 마세요. 중요한 건 낭독이 나의 삶에서 즐거움이 되는가입니다. 이런 방식을 제안해 보죠. 이름은 제 마음대로 가져다 붙였습니다.

● 독독獨讀

한 사람이 글을 읽고 낭독을 시작하면 나머지 사람은 듣는 방식. 돌아가면서 완성된 짧은 텍스트를 하나씩 읽습니다.

● 회독回讀

독독과 다른 것은 하나의 텍스트를 나누고 함께 읽는 것입니다. 대화를 나누듯 두 사람이 주고받으며 읽는데, 나머지 인원은 듣고 이 두 사람의 낭독이 끝나면 다음 차례의 낭독을 진행합니다. 두 명도 좋지만 네 명 이상의 모임에서 낭독자의 심리적 부담을 덜기 위해 추천하는 방법입니다. 번갈아 읽는 방식은 마침표를 기준으로 문장 단위로 끊으셔도 좋고, 조금 더 큰 단위인 문단으로 나누어도 됩니다.

● 제독齊讀

해군 장성들 사이에서 행해지는 멘탈 교육 낭독법으로 맥아더 제독… 은 아니고, 제독은 함께 같은 글을 읽는 겁니다. 내 목소리가 다수의 목소리에 묻히니 낭독의 부담이 덜하겠죠. 단 너무 많은 인원이 함께할 경우, 밀교나 신흥

사이비 종교의 부흥회 같은 느낌을 줄 수도 있으니 유의하세요.

● 윤독輪讀

시차를 두고 읽는 방식입니다. '동네 한 바퀴' 같은 돌림노래의 방식으로 진행합니다. 같은 선율에 시차를 두고 여러 성부에서 부르는 노래로 카논Canon과 같은 형식이죠. 원탁에 둘러앉아서 하는 게 좋지만 불편하다면 각기 다른 방향을 바라보면서 해 보십쇼. 제독과 마찬가지로 종교 모임의 느낌을 줄 수 있다는 점 잊지 마세요. 그리고 꼭 녹음으로 남겨 보세요. 좋은 추억이 될 겁니다.

● 낭독 연주 Poemusic

2017년은 윤동주가 태어난 지 100년이 되는 해였습니다. 그해 가을 한국문화예술위원회가 주최하는 문학주간 행사 공모에서 「동주 2017」이라는 제목으로 낭독 공연을 했는데요. 윤동주가 태어난 1917년에 작곡된 클래식 음악을 배경으로 그의 시를 낭독했습니다. 배창복, 박은영 아나운서와 셋이서 시의 구획을 나눠 읽는 방식이었습니다. 예를 들어 한 명은 한 구절을 반복해 코러스 느낌으로 낭독하고 동시에 나머지 두 명이 번갈아 낭독하거나, 혼자 읽다

두 명, 세 명으로 갈라져 읽는 실험적인 방식으로 진행했습니다. 마지막엔 「별 헤는 밤」을 관객들과 함께 읽었습니다. 반응이 나쁘지 않았습니다. 이런 실험적인 낭독을 지속해서 할 수 있다면 좋겠다고 생각했어요. 언젠가 뜻이 맞는 독자들과 함께하고 싶습니다. 부지런히 연습해 두세요.

Tip

여기서 문제 하나 내 볼까요? 한국 최초의 소설은? 조선 전기 김시습이 쓴 『금오신화』죠. 그럼 일본 최초의 장편 소설은? 헤이안 시대 일본 궁녀가 쓴 것으로 알려진 『겐지 모노가타리源氏物語』입니다. 바람둥이 겐지의 무용담이 담겨 있는 소설이지요. 2000년대 초반 일본에서 이 소설의 낭독 붐이 일었다고 합니다. 이상한 점은 오래전 글이라 현대어로 해석도 힘들고 학자들이 연구해 봐도 이해되지 않는 부분이 많다고 하죠. 이런 글이 왜 낭독의 텍스트로 읽혔는지는 모르겠으나 근래 현대어로 각색된 책들이 다양하게 출판되었다고 합니다. 이 소설이 원래 낭독으로 구전된 문학이었다는 '겐지 모노가타리 음독론'이 제기되면서 분위기를 탄 듯한데요. 이후 다양한 낭독회가 기획되고 있다는군요.

이제 낭독은 일본 문화의 한 축이라고 합니다. 일본에선 다양한 낭독 CD가 제작되고 듣는 사람들이 꽤 많다고 하는데 우리나라에도 좋은 낭독회가 더욱 늘어나면 좋겠습니다.

낭독일기

꽃잎 반 이상협

꽃잎 반은 시 모임 이름이다. 등단 전, 시 쓰기가 너무 외로워 다녔던 문지문화원 모임이다. 시인이자 극작가인 베르톨트 브레히트Bertolt Brecht의 '시의 꽃잎을 뜯어내다'라는 문장에서 가져왔던 것으로 기억한다. 장미 잎을 뜯어보아도 꽃잎 하나하나는 아름다울 것이라는 아포리즘 성격의 문장이다. 스무 남짓의 꽃잎들이 매주 금요일 저녁에 모였고, 수업을 마치면 김소연 시인과 함께 새벽까지 시 이야기를 했다. 다른 화제는 드물었다. 전쟁이 나도 시 이야기만 할 사람들이었다. 사회생활에서는 만날 수 없는 반갑고 반가운 사람들이었다.

오래된 친구들은 의아해했다. 네 성격에 모임을? 시 쓰기? 게다가 이름이 꽃잎 반? 물론 이해했다. 나 또한 한동안 이런 양가감정이 정리되지 않아 혼란스러웠으니까. 대학 입학 이후, 비슷한 사람들과만 교류하다 만난 다양한 부류의 사람들은 신기했다. 학생이 많았지만, 식당을 하다 온 형도 있었고, 프로그래머, 웹툰 작가, 퇴직자 등등 직업도 다양했다. 수업은 거의 매주 시 한 편씩을 써 가서 합평하는 방식이었다. 각자 시의 경향과 무관하게 서로 애정을 담아 의견을 주고받았고 그들은 내가 시에 대해 가지고 있던 선입관들을 가차 없이 깨 주었다. 가져온 시는 꼭 낭독을 하고 합평했는데, 눈으로 읽는 것과 전혀 느낌이 달랐다. 수줍게 한 편 한 편씩 읽어 가는 목소리에 우리는 마음의 물결침을 함께 느꼈던 것 같다. 꽃잎 반을 통해 시에 대한 편견과 낭독에 대한 편견 모두가 깨진 셈이다. 잘 썼든 못 썼든, 목소리와 발음이 어떻든 아무 상관없이, 자신이 마음에서 길어 올린 문장을 읽는 것은 자체로도 마냥 아름다웠다. 어색하게 만났던 그들은 이제 가장 안부가 궁금한 사람들이 되었다.

Day Mission

22

예술 한번 합시다!
핸드폰으로 영상 포엠 poem 만들기

마지막 날입니다. 주말에 꼬박꼬박 쉬셨다면 딱 한 달 정도 시간이 흘렀네요. 여기까지 읽으신 분들께 마음으로 조용한 박수와 감사를 보냅니다. 짧은 시간에 낭독 능력이 출중해지거나 평소 해보지 않던 낭독이 익숙해졌을 리는 없을 것 같습니다. 일상도 달라진 건 별로 없고요. 그래도 좋았다는 분이 있다면 훌륭한 저자와 좋은 책 덕분이라고 겸손하게 말씀드리고 싶네요. 크게 달라진 건 없지만, 적어도 낭독에 대한 고정관념과 불편한 기억으로 남았던 낭독-읽기에 대해 마음이 풀어지셨다면 좋겠습니다. 나아가 낭독 기술은 모르겠지만 어떤 마음으로 말을 풀어놓아야 하는지에 대해 작은 생각 하나씩이 돋아났다면 기쁘겠습니다. 이건 기술이 아닌 태도에 관한 책이니까요. 마지막으로 권하고 싶은 낭독이 있습니다.

여행을 가면 사진을 찍습니다. 무감한 일상의 나를 깨고 나와 반짝이는 나를 기록해 기억하는 일이죠. 시간이 흐르고 다시 보는 사진은 기억의 손거울이 됩니다. 여행이나 짧은 산책을 하게 된다면, 낭독으로 여러분의 이야기를 풀어 놓았으면 합니다. 걸으면서 혹은 멈춘 순간의 풍경들에 말을 걸어 보세요. 그날 날씨와 바람과 기분을 기록하세요. 영상 안에는 사진이 기록하지 못한 소리가 담길 것이고 주변의 작은 소음들까지 낭독의 배경음악이 되어 줄 겁니다. 풍경 쪽으로 렌즈를 돌리고, 읽고 싶은 무언가를 읊조리세요. 그런 기록들은 사진보다 더욱 입체적인 추억을 남겨 줄 겁니다.

이제 여러분께 마지막 미션을 드립니다. 윤동주의 「서시」를 핸드폰에 녹음해 보세요. 그리고 Day mission 00에서 이유도 모르고 처음 했던 녹음과 비교해 여러 번 들어보십쇼. 여러분의 목소리에, 낭독에, 일상에 작은 변화가 있기를 바랍니다.

서시

죽는 날까지 하늘을 우러러
한 점 부끄럼이 없기를,
잎새에 이는 바람에도
나는 괴로워했다.
별을 노래하는 마음으로
모든 죽어가는 것을 사랑해야지
그리고 나한테 주어진 길을
걸어가야겠다.

오늘 밤에도 별이 바람에 스치운다.

낭독일기

한쪽 귀

사진을 찍을 때 한쪽 눈을 감는 것은,
마음의 눈을 뜨기 위해서다.

사진작가 앙리 카르티에 브레송의 말이다. 비슷한 이유로 아나운서들은 한쪽 귀에만 이어폰을 끼운다. 자신의 목소리를 한쪽 귀로 듣고 다른 한쪽 귀로는 마이크를 통해 입력된 소리를 감지한다. 목소리 조율 과정인 셈이다.

 자기 목소리를 녹음해 들으면 이질감을 느낀다. 매일 방송을 하는 아나운서에게도 두 개의 소리는 다르다. 익숙해졌을 뿐이다. 아나운서는 두 개의 소리를 조율해 가며 발화라는 외줄 타기의 중심을 잡는다.

 한 사람이 자신의 소리를 정확히 조율해 나가는 과정은 거울을 보고 자아를 인식해 가는 일과 같다. 낭독은 청각으로 자신을 알아 가는 일이다. 나는 내가 들려주는 이야기에 귀 기울이는 첫 번째 청자이다.

나가며

낭독이라는 기도

 살풍경한 일상이 이어집니다. 생활은 생활을 낳고, 할 일은 어디서 끝나는 건지 답답하기만 합니다. 답답할 때 소리를 지르고 싶어집니다. 나쁜 에너지를 발산하고 싶어 작동하는 자기방어 기제일 텐데요. 어떤 이들은 화가 나는 일이 있을 때마다 짧은 주문을 만들어 외운다고 합니다. 할머니들이 관세음보살, 관세음보살 습관처럼 작은 목소리로 주문을 외우는 것처럼 말이죠. 주문이나 소리를 지르는 대신 낭독으로 나쁜 에너지를 치환해 발산해 보는 건 어떨까요?
 고대 인도의 대체 의학인 아유베르다Ayurveda에 보면, 음식의 영양분은 섭취하고 독소는 배출하는 인체의 소화 기능처럼 좋은 생각은 잘 소화해 남기고 나쁜 생각은 몸 밖으로 보내야 건강하다는 내용이 나옵니다. 나쁜 생각이 쌓이면 화火로 번지고 정신적·육체적으로 피폐해진다는 이야기죠. 나쁜 에너지의 발산이 필요합니다. 누군가에게 고민을 토로하면 속 시원해지지만 누구도 만나기 싫을 때, 혼자 낭독해 보세요. 우리는 너무나 많은 시각적 정보에 노출된 시대에 살고 있습니다. 이따금 눈을 감고 소리를 내어 낭독해 보세요. 하나의 감각이 닫히면, 또 하나의 감각이 열립니다.

    부족한 책입니다. 제 모든 경험을 책 한 권에 담아 이야기하기엔 역부족입니다. 누가 이 책을 볼지도 궁금합니다. 인쇄하는 날 놓친 부분 때문에 좌절하며 돌아가는 윤전기만 하염없이 바라볼지도 모릅니다. 모든 것이 낯설고 의문투성이지만 시작해 봅니다. 저자에겐 개정 증보판이 있으니까요. 평론가 발터 벤야민은 말했어요. "낯선 도시를 여행할 때는 길을 잃는 훈련이 필요하다." 느긋하게 산책하듯 낭독이란 도시를 기웃거리다 구석구석 매력을 알게 되겠죠. 의외의 맛집도 찾아내게 될 것이고 멋진 인연을 만나게 될지도 모릅니다. 낭독이란 도시에서 충분히 헤매 보세요. 별자리를 만들 듯 낭독의 작은 성취들이 여러분 마음자리에 모여 삶에 오래 두고 볼 별자리 같은 것이 되면 좋겠습니다. 종교 없는 기도처럼 낭독해 보세요. 또 오십쇼.

Q & A

?!
무엇이든 막 물어 보세요

Q 낭독과 낭송의 차이가 뭔가요?

A 명확하진 않지만 보통 외워서 읽는 것을 낭송으로 표현하죠. 글자 송誦에 외운다는 의미가 있기 때문입니다. 글을 외워 읽는 일을 암독이라고 하지 않고 암송이라고 하는 것이 근거가 되겠죠. 시를 외워 읽는 것을 보통 시낭송이라고 부르는 것도 마찬가지고요. 여담으로 낭창朗唱이란 것이 있는데요. 오페라에서 아리아Aria 말고 주인공들이 상황을 설명하기 위해, 말인지 노래인지 묘하게 읊는 것을 말합니다. 오페라 좋아하시는 분들은 '레치타티보Recitativo'라고 설명하면 바로 알 텐데요. 자코포 페리Jacopo Peri라는 16세기 이탈리아 작곡가가 최초의 오페라로 알려진 「에우리디체Euridice」를 작곡하면서 개발했다고 합니다. 저는 이것이 현대 랩rap의 기원이라고 생각해요. 서창敍唱이라고도 하는 레치타티보의 단어를 살펴보면 '낭송하다'라는 뜻의 영어 '리사이트recite'와 같은 어원임을 알 수 있습니다. 그리고 연주회를 '리사이틀recital'이라고 하죠. 우리가 책을 관통해 함께한 낭독과 낭송이 결국 음악이라는 것을 증명하는 작

은 예가 되겠네요. 오래 전 라디오 시대의 방송국을 연주소 演奏所 라고 했다는 것을 생각하면 더더욱.

Q1 낭독을 하면 자꾸 떨려요.

A 저는 이제 뭘 읽든 잘 안 떨려서 문제입니다. 낭독 기계가 되어 버린 것이죠. 떨림은 귀중합니다. 물론 전동 안마기처럼 너무 떨리면 그건 하기 싫다는 몸의 신호겠지만. 떨림까지가 낭독이라 생각해요. 긴장이라기보다는 전달하는 사람의 정서를 보여 주는 귀중하고 자연스러운 퍼포먼스가 될 겁니다.

Q2 소개팅을 하면 자꾸 떨려요.

A 미팅하세요.

Q3 녹음된 제 목소리를 들었는데 너무 어색해서 놀랐습니다. 왜 이상하게 들릴까요?

A 전문 용어로 '음성 직면 voice confrontation'이라고 하는데요. 우리가 말을 할 때 들리는 자기 목소리는 귀로만 듣는 게 아닙니다. 뼈의 울림, 몸의 빈 곳에 고이는 목소리의 울림까지를 포함합니다. 숨도 코와 입으로만 쉬는 게 아니라 살갗으로 호흡하듯 말이죠. 소리는 비어 있는 곳을 찾아가

부딪치고 자신의 에너지를 발산하죠. 그것이 공명입니다. 고막으로 전달되는 음과 내 몸의 빈 공간들을 울리는 그 소리들이 곧 내가 듣는 나의 목소리인 겁니다.

그런데 내 목소리를 듣는 사람은 몸에 전달되는 진동으로도 일부 느끼지만, 극히 미미하고 대부분 청각으로만 당신의 목소리를 느끼는 겁니다. 그러니 내가 듣는 내 목소리와는 다를 수밖에 없죠. 녹음에서는 앞서 설명한 몸을 울리는 저음부의 소리가 잘 들리지 않으니 내 목소리가 평소 듣는 소리보다 높게 들려 더더욱 괴리감은 커집니다. 가장 불편한 이유는 목소리에 담겨진 언어 외적인 요소들, 이를테면 글을 읽을 때의 떨림이나 당시의 감정이 본능적으로 느껴지기 때문이라고 합니다. 하버드 대학의 심리학자 필립 S. 홀츠먼의 실험 결과에 근거한 이야기인데요. 자신의 목소리에서 오는 적나라한 느낌을 다른 사람들도 받게 되면 어쩌지라는 불안감이 증폭되어 스스로 불편하게 느끼는 것이라고 합니다.

녹음을 할 때 내 목소리는 마이크의 떨림판을 울리고, 떨림은 전기적 신호로 바뀌어 다시 앰프를 통해 증폭되고 녹음기에 기록됩니다. 그것이 스피커를 통해 나올 때는, 자신의 몸을 울려서 듣는 내 목소리가 빠진 상태로 듣는 것이니 당연히 괴리감을 느낄 수밖에 없습니다. 몸으로도 듣던

소리를 청각만으로 듣게 되는 것이죠. 뉴스 스튜디오에는 한쪽 귀에만 끼우는 이어폰이 있습니다. 한쪽 귀로는 마이크를 통해서 들어간 소리의 피드백을 듣고 한쪽 귀는 열어두어 내 입에서 나는 생生소리를 듣는 거죠. 몸으로 울리는 소리까지 더해진 세 종류의 소리를 모두 결합했을 때 진짜 내 목소리로 들리게 되는 겁니다. 물론 기본적인 목적은 밖에서 진행하는 프로듀서와 소통하기 위해서입니다만 아나운서들은 이런 방식으로 자기 목소리의 오차를 극복합니다.

내가 듣는 나의 목소리에 대한 고정관념을 깨고, 타인 같기도 한 나의 새로운 목소리를 처음 경험하는 건 흥미로운 일이 될 겁니다. 낯선 나의 목소리를 듣는 건 귀중한 경험입니다. 타인의 시선을 통해 객관적으로 나를 바라보는 경험과도 같으니까요.

Q4 목소리 관리 비법이 있을까요?

A 저처럼 목으로 밥벌이하는 사람들은 늘 목에 신경을 써야 하는데요. 목의 컨디션을 좋게 하는 방법 몇 가지가 있습니다. 호흡기 전체가 건조하지 않게 해야 합니다. 습도가 낮은 겨울에는 꼭 마스크를 쓰고 목을 따뜻하게 유지하기 위해서 목도리를 합니다. 여름에도 스카프를 두르고 다

니기도 합니다. 무덥고 땀도 줄줄 흐르고 좋습니다. 사람들이 좀 쳐다보기도 합니다. 이런 경우들 종종 봤습니다. 프로의식이죠.

미온의 물을 많이 드세요. 많이들 아시겠지만 녹차는 의외로 목에 좋지 않습니다. 적당한 온도의 생수를 나누어 자주 드시고요. 프로폴리스나 도라지가 목에 좋다고 하는데 저는 큰 효과를 보진 못한 것 같은데, 체질에 따라 다르지만 특효라는 분들이 많더군요. 제 경우엔 방송이 많은 날은 굵은 죽염을 작은 통에 가지고 다니면서 사탕처럼 빨아 먹습니다. 소금물 양치도 추천합니다. 염분으로 목에 주기적으로 살균 작용을 하는 것이죠. 죽염은 대나무에 굽는 동안 몸에 좋지 않은 나트륨 성분 등이 빠져 있으니 그냥 소금보다는 자주 먹어도 부담이 덜한 것 같습니다. 아홉 번 구운 제품이 좋답니다. 목도 부드러워지고 입에서 방귀 냄새도 나고 좋습니다.

Q5 볼펜 물고 발음 연습하는 방법 좀 알려주세요.

A 제 주위 아나운서 중 볼펜 물고 발음 연습했다고 한 사람은 단 한 명도 못 봤습니다. 일종의 입 근육 스트레칭으로 입을 찢어 근육을 이완시키는 역할 정도는 가능할 것 같습니다. 하지만 볼펜을 물면 몇 개의 근육이 긴장된 상태

에서 다른 근육들이 함께 움직여야 하니 입 근육이 스트레스를 받을 수 있어 좋은 방법은 아니라고 생각합니다. 플라스틱에 포함된 환경 호르몬 때문에 남들보다 일찍 생을 마감하실 수 있으니 유의하세요. 다른 효과가 있다면 어떤 건지 모르겠습니다. 누가 좀 알려 주세요.

발음이 안 되는 것은 여러 가지 문제가 있겠지만 발음할 때 움직이는 입의 근육이 발달하지 못했기 때문입니다. 본문에 적혀 있는 '우리 사이 오리 사이'나 '우주에서 온 오로라 공주야 하와이 니가 가라'로 입 근육을 단련하세요.

Q6 책을 보면 발음법을 의도적으로 피해 나가는 느낌이 있더군요. 설명이 있지만 부실하다는 생각도 들던데 정말 발음은 크게 신경 안 써도 되나요?

A 청문회인가요? 질문이 무섭습니다. 우리가 평소 의사소통할 때의 발음 수준이면 될 것 같습니다. 발음에 너무 신경을 쓴 나머지 다른 부분을 놓친다면, 좋은 낭독을 하기까지 시간도 오래 걸리고 쉽게 질릴 수 있습니다. 낭독의 즐거움을 먼저 느낀 후에 차분히 공부해도 늦지 않습니다. 단, 낭독 텍스트를 평소 읽는 속도의 1.5배 정도로, 입을 크게 움직인다는 느낌을 갖고 한두 번 예독해 보세요. 그리고 걸리는 발음들을 표시해서 다시 연습해 보시면 도움이 될

것 같습니다.

낭독은 느낌을 전달하는 일입니다. 제가 경험한 최고의 낭독은 시인이 읽는 시, 소설가가 자기 소설을 읽는 것이었습니다. 다큐멘터리 더빙도 비전문가들이 종종 하는데 듣기 좋은 경우도 많았고요. 정격화된 낭독에 질린 청자들이 많다는 것에 대한 방증이겠죠. 그들의 낭독에서 우린 발음을 듣지는 않습니다. 누가 어떤 태도로 이야기해 주는가가 중요합니다. 할머니 할아버지가 읽어 주던 동화나 옛날이야기에 몰입하던 어린 시절을 떠올려 보세요. 발음이 문제는 아니었을 거예요.

Q7 어려운 발음들 모아 연습하기 있잖아요. '간장 공장 공장장'이나 '경찰청 철창살은' 같은 문장으로 연습하면 발음이 좋아질까요?

A 저희도 잘 안 합니다. 하다 많이 틀려서요. 억지 문장으로 입 근육 운동시키는 효과 외엔 별로 없습니다. '간장 공장 공장장'의 경우 받침 'ㅇ'을 발음하기 위해선 '아' '오' 하고 입을 벌렸다 순간적으로 입을 닫아 'ㅇ' 발음으로 맺음하는 데 이게 반복적으로 나오니 쉽지 않죠. '경찰청 철창살은'의 경우는 'ㅊ'으로 이루어진 발음이 이어서 붙은 데다 '철창' '찰청' 두 단어를 분석해보면 같은 자음 'ㅊ' 두

개가 연이어 붙어 있고, 'ㅓㅏ'와 'ㅏㅓ'의 순서로 발음하니 헷갈리는 구조입니다. 기본적으로 발음도 어렵고요. 발음을 잘하는데 일부 효과적일 수는 있겠지만 낭독을 위해선 큰 도움 안 될 겁니다. 하지만 모든 연습은 자유!

Q8 민주주의의 의의 어떻게 발음합니까?

A 민주주의의 의의
   민주주이의 의의
   민주주이의 의이
   민주주이에 의의
   민주주이에 의이
   민주주의의 으이
   민주주의의 의이
   민주주이에 의이
   민주주이에 의의

어느 것이 맞을까요. 알아맞혀 보세요. 딩동댕. 자신 있게 하나의 답을 찾은 분도 계시겠지만, 답이 여러 개네요. 먼저 '표준발음법' 제5항에서 'ㅑ ㅒ ㅕ ㅖ ㅘ ㅙ ㅛ ㅝ ㅞ ㅠ ㅢ'는 이중 모음으로 발음하도록 규정되어 있습니다. 또 단어의 첫 음절 이외의 '의'는 [ㅣ]로, 조사 '의'는 [ㅔ]로 발음하는 것도 허용한다고 적혀 있어요. '민주주의의 의의'는 [민주주의의 의의]로 '의'를 모두 이중 모음으로 발음하는 것이 원칙이고 나머지 발음도 모두 허용 가능한 발음이다, 라고 국립국어원 홈페이지에 적혀 있는데요. 현장 언어를 사용하는 저로서는 '민주주의의 의의'를 모두 이중 모음으로 발음하는 것은 현실어와는 동떨어진 발음이라고 생각합니다. 발음 서커스도 아니고 말이죠. 제가 생각하는 가장 현실적인 발음은 [민주주이에 의이]입니다. 가장 자연스럽고 모두에게 쉬운 발음이기 때문입니다. 실제 언어와 규정에 괴리감이 많이 있습니다. 1989년 표준어 개정 때는 현장 언어 전문가인 아나운서도 참여했다고 하는데요. 언어학자들과 현장 언어 사용자들의 교류가 활발해져야 하겠습니다.

Q9 민주주의의 의의와 4차 산업혁명 시대를 맞은 대한민국의 당면 과제는 무엇입니까?

A 국회에 물어 보세요.

Q10 시옷 'ㅅ' 발음이 자꾸 샌다는 말을 많이 듣는데 고칠 방법이 없을까요?

A 네. 'ㅈ' 'ㅅ' 발음이 새는 건 정말 고치기 어렵더군요.

전문가들 사이에서도 난제예요. 'ㅅ'은 마찰음이고 'ㅈ'은 파찰음입니다. 공기가 경구개와 마찰하며 생기는 발음이란 공통점이 있습니다. 두 자음은 어떤 모음과 만나도 대부분 입천장에 좁은 소리 길이 생기는데요. 이때 휘파람 소리처럼 멜로디가 발생하면서 바람 소리가 강조되죠. 음이 만들어지는 위치가 엇나가면 'ㅅ' 발음은 새는 소리로 'ㅈ' 발음은 과도한 유성음화가 일어나 거슬리게 들립니다. 정확한 조음점을 찾으라는 말씀을 드리고 싶은데, 저를 비롯한 전문가들을 만나도 쉽게 고쳐지진 않을 겁니다. 'ㅅ' 발음의 경우 어미 '습니다'에서 새는 분이 많은데, 확실히 경음화된 발음 [씁니다]로 읽어 보시면 어느 정도 해결됩니다. 보통 표기 때문에 [쓰]와 [스]의 어중간한 발음을 내다 휘파람 소리 같은 'ㅅ' 발음이 나는 것이니까요. 치아 모양과 구강 구조의 특수성, 잘못된 조음법 등등 여러 가지 복합적인 이유 때문이라 단정해서 설명하긴 힘드네요. 혀 짧은 소리가 나는 것도 실제 혀가 짧아서라기보다는 복합적인 이유가 있는 겁니다. 해결 방법 아시는 분, 제게 제보해 주시면 큰 술 사겠습니다.

Q11 발성할 때 복식 호흡을 꼭 해야 하나요.

A   우리는 누구나 복식 호흡을 잘했던 사람입니다. 아이

들은 울어도 목이 쉬지 않아요. 배로 호흡하기 때문이죠. 성장하면서 배로 쉬던 숨이 가슴과 목으로 올라온 건데요. 물론 복식 호흡까지 하면서 낭독을 하면 금상첨화지만 낭독에 복식 호흡까지는 필요 없다는 생각입니다. 마이크가 없는 무대에 서는 성악가나 연극배우들에게는 필수이지만 우리는 소박한 낭독을 즐기는 거니까요. 흉식 이상의 호흡 정도면 될 것이고, 그건 이미 여러분이 하고 있는 호흡입니다. 이 책의 첫날 미션이 누워서 '아' 발음하기였어요. 자연스럽게 호흡법과 발성법을 염두에 둔 연습이었습니다. 누운 상태에서 낭독 연습을 하면 입에서 배까지 소리 길이 트이니까 복식 호흡인 셈이죠. 배에 책이나 무거운 것을 올리고 연습하는 방법도 있는데 복식 호흡이 무엇인지 느껴볼 수는 있지만, 복식 호흡법을 배우는 근본적인 방법은 아니라고 생각합니다. 호흡, 하던 대로 하세요.

Q12 복식 호흡할 때 발성을 꼭 해야 하나요.

A 손바닥 내놓으세요.

Q13 목소리도 좋아지나요?

A 안 좋아져요. 어떻게든 거짓말이라도 좀 보태 희망을 주어야 할 것 아니냐고 말씀하실 수 있습니다. 하지만 냉정

하게 말씀드릴게요. 예를 들어 오랜 시간 길들인 좋은 악기(명기)에서 나는 소리와 일괄적으로 기계에서 제작되어 나온 새 악기에서 나는 소리는 다를 수밖에 없죠. 단, 보통의 악기를 잘 훈련시키면 그것 또한 좋은 악기의 소리와 비슷하게 만들어 낼 수는 있습니다. 나라는 악기가 잘 연주할 수 있는 톤을 찾아서 만들어 이전의 잘못된 발성을 바로잡고, 작은 기교까지 더해진다면 여러분도 이런 훈련(연습)을 통해 좋은 낭독 악기가 될 수 있을 겁니다.

  소리가 좋다고 연습 과정도 없이 좋은 악기라고 할 수는 없죠. 하지만 소리가 평범한 악기도 훈련(연습)을 통해 소리의 질을 끌어올릴 수는 있어요. 클래식 기타를 비롯한 나무 악기들은 소리를 틔워 주는 게 중요한데요. 나무의 물관, 체관 세포 안에 송진 같은 물질이 채워져 있는데, 지속적으로 오래 연주하다 보면 소리 에너지가 물리적 에너지로 바뀌어서 이것을 깬다고 합니다. 공간이 비워지면 음이 들어갈 자리가 더 생기니 풍부하고 다양한 소리가 나겠죠. 기타 제작자에게 들은 이야기입니다. 여러분도 일일낭독을 통해 좋은 음이 들어갈 공간을 깨워 주세요. 그 소리에 몸을 익숙하게 만드세요. 여러분의 몸은 낭독을 위한 최고의 악기입니다.

Q14 **목소리도 늙나요?**

A 목을 전문적으로 쓰는 사람들은 신기하게도 목소리가 늙지 않아요. 적어도 제 주위의 아나운서 선배들은 그렇습니다. 모두 목을 자주 사용하는 분들이죠. 물론 나이가 들면 근육의 긴장도가 떨어질 수밖에 없어 달라지는 부분은 있지만, 치아에 문제만 없다면 거의 비슷하게 유지됩니다. 80대 보디빌더도 있잖아요. 젊은이 못지않은 몸매죠. 목소리가 젊어지진 않으나 꾸준히 연습하면 늙지 않을 수 있습니다. 낭독을 오래하면 낭독에 사용되는 근육들이 자연스럽게 발달하고, 저처럼 매일 목을 쓰는 사람들은 목소리의 노화가 느리게 일어납니다.

Q15 **원래 목소리가 좋으셨나요?**

A 네.

Q16 **목소리가 안 좋은데 좋은 낭독을 할 수 있을까요?**

A 아나운서나 성우라고 다 목소리가 좋은 건 아니에요. 물론 평범하지 않지만, 일반인의 목소리와 크게 다르지 않은데 노력으로 극복한 예도 있습니다. 그러니 목소리 때문에 낭독을 두려워하지 마세요. 제 주위에도 아나운서가 되

기엔 조금 불리한 목소리인데, 극복하고 개성을 만든 경우가 많습니다. 목욕탕 목소리만 좋은 건 아니에요. 개성의 시대입니다. 성우들 보세요. 약간 허스키한 느낌이 묻어나는 개성 있는 목소리의 성우들이 더 인기를 얻기도 합니다. 기준이 예전과 달라지고 있는 거죠. 좋은 소리보다 자연스러운 소리를 찾게 되는 요즘 경향이기도 하고요. 악기가 좋은데 연주를 안 하는 것보다 보통의 악기로 열심히 연주하는 게 의미 있지 않을까요. 뮤지션 '아스트로 비츠Astro Bits'는 귀가 예민한 골든 이어golden ear 중 한 명인데 이런 말을 했어요. "세상에는 좋은 소리 나쁜 소리가 있는 것이 아니다. 어울리는 소리와 그렇지 않은 소리가 존재할 뿐이다." 소음이나 거친 질감의 소리도 어떤 음악을 만나고 어떤 소리와 어울리느냐에 따라 음악의 일부가 됩니다. 이거 본문에서 한 얘긴가요? 요즘 깜빡깜빡하네요.

아무튼, 여러분은 여러분의 목소리를 사랑해 주세요. 낭독하면서 장점을 찾고 소리의 길을 잘 만들어 준다면 분명 변합니다. 방송에서 '카메라 마사지'라는 게 있어요. 커뮤니케이션 이론가 마셜 매클루언이 『미디어는 마사지다』라는 저서에서 설파한 적은 전혀 없지만. 아나운서들도 카메라 앞에 자주 서면, 소위 말하는 화면발이 좋은 얼굴로 바뀌어 갑니다. '카메라 마사지'가 있다면 '마이크 마사지'도

분명 효과가 있을 테니, 생경하지만 스마트 폰으로 녹음된 자신의 목소리에 익숙해지려고 노력해 보세요. 여러분의 소리도 잘 어울리는 텍스트를 만난다면 분명 개성 있는 악기가 될 겁니다.

Q17 허스키한 목소리라 낭독까진 엄두가 안 나네요. 어떡하죠.

A   허스키한 목소리가 나오는 이유는 폐에서 공기가 나올 때 성대를 울려야 소리가 발생하는데 반은 울림 없이 그냥 스치듯 나오는 것이죠. 이른바 공기 반 소리 반인 목소리 말입니다. 허스키 발음해 보세요. 허스키한 느낌이죠? 허스키가 허스키입니다. 여기에 더해 성대 근육이나 점막에 문제가 있는 경우 발생합니다. 발성을 통하면 갈라지는 소리가 완화되기도 하지만 바뀔 수 있는지는 저도 잘 모르겠습니다. 하지만 음악도 진성으로만 부르는 보컬리스트가 있는 반면 허스키한 보컬도 많은 사랑을 받습니다. 자신의 목소리가 지닌 귀한 특징이라고 생각하시고요. ASMR 스타일의 낭독을 추천합니다.

Q18 왜 책 곳곳에 여담을 자주 하셨나요? 크게 재미도 없던데 말입니다.

A   어서 써야 하는 데 진도가 안 나가서 그렇습니다. 여

러분도 그런가요? 진도가 잘 안 나가나요? 무슨 소리인지 이해가 잘 안 되나요? 저자인 제가 친구라면 전화해서 물어보고 만나면 멱살 잡고 불평이라도 할 텐데 말이죠. 이메일 정도는 알려드릴 테니 연락 주세요. 아주 늦은 답변을 하게 될지도 모르지만, 꼭 답장할게요. 약속해요. 자, 손가락을 걸고. 도장. 복사. 어서 책을 다 써야 하는데, 기획자인 고우리 씨도 직설적으론 아니고 카톡으로 다른 거 물어보는 척하면서 은근 압박을 하네요. 저도 진도가 잘 안 나가서 자꾸 딴 얘기로 새나 봅니다. 시험 기간에 딴짓하고 싶어지는 심리죠. 어서 책을 잘 만들어야 세계 서점을 강타할 돌풍을 일으키고, 엄청난 부자가 될 텐데 말입니다.

건물주가 되고 1층은 유희경 시인이 운영하는 시집 서점 '위트 앤 시니컬' 장기 무료 입주시키고, 2층은 단골 술집 라이온스 댄 4호점을 개장하고, 99층 스카이라운지는 낭독을 위한 공간으로 만들어서 여러분 모두를 초대하고 싶습니다. 거기서 음주 낭독회를 해 보고 싶네요. 그러려면 책을 얼른 써야 하는데 졸리네요. 누워서 글쓰는 사람의 단점 중 하나일 테지만 졸리면 잘래요. 부자 안 하면 되죠, 뭐. 그래도 언젠가 낭독을 위한 공간 하나쯤 만들어 보고 싶어요. 노이만 U87i 같은 수백만 원짜리 마이크에 매킨토시 진공관 앰프에 b&w 노틸러스 스피커를 놓고 낭독회를 하고 싶습니다. 전문 녹음 시스템도 갖추어 여러분이 낭독하는 걸 녹음도 하고 말이죠. 누워서 하는 수면 낭독회도 해 보고 싶군요. 읽다, 자다, 말하다, 자다 하는 낭독회요. 눕는 자리마다 마이크를 달아 놓고 "1번 침대 낭독해 주세요!" 하면 자기 읽고 싶은 글을 골라 읽다가 또 옆자리 침대 사람을 지명해 읽고 싶은 글을 대신 읽어 달라고 청해 보기도 하고요. 술이 있으면 더 좋겠죠. 적당한 술은 우리 몸의 근육들을 이완시키니까요. 천장에는 커다란 창문이 몇 개 있으면 좋겠어요. 하늘이 보이는 창문. 별이 뜨는 걸 보면서 책 대신 별자리를 읽는, 별을 낭독하는 모임을 만든다면 행복할 것 같군요. 여담이었어요.

Q19 책 읽어 봐도 진짜 모르겠어요. 톤이 무엇인가요?

A 사전에 보면 1. 어조, 말투 2. (글 등의) 분위기 3. 성조, 음조, 음색 등으로 정의합니다. 이 가운데 낭독 업계에서는 톤이 성조의 뜻으로 많이 쓰입니다. 음악의 스케일, 즉 조성 같은 개념으로 사용하는데요. '톤이 높다', '톤이 낮다'처럼 표현합니다. 톤을 잡는다는 건, 남성이라면 카운터 테너, 테너, 바리톤, 베이스 중 어떤 음색인지 판단하는 일입니다. 자신의 목소리가 어떤 음계로 만들어질 때 더 좋게 소리 나는지 알아야 좋은 낭독이 가능한 것이죠. 톤을

잡는 것은 성악가의 성부를 나누듯 낭독의 중요한 기준을 잡는 일입니다.

Q20 자기 톤을 잡는 방법이 있나요?

A '주기도문' 들어보셨죠? 불교 신자라 모르겠으니 '반야심경'은 안 되냐고요? 모태 사이언톨로지교라 알고 싶지 않다고요? 그러지 마시고, 검색해 보세요. 유튜브 같은 곳에서 들어보시죠. 공부를 위한 일이니까요. 사실 본문에서 불교 이야기를 너무 많이 해서 균형을 맞추려고요. "하늘에 계신 우리 아버지…"로 시작하죠. 이 기도문의 특징은 멜로디가 거의 하나라는 거예요. 여성은 조금 높은 하나의 음으로 읽겠고, 남성은 조금 낮은 한 음으로 읽겠죠. 남녀의 차이도 있겠지만 성별을 떠나 한 사람이 다양한 멜로디로 이 기도문을 읽을 수 있습니다. 약간씩 음을 높이거나 낮춰가면서 읽어 보세요. 그중 제일 편하게 읽을 수 있는 멜로디를 찾아 기억하세요. 잘 맞는다는 느낌을 기억하는 것이 제일 중요합니다. 기도문을 누워서 읽으면 좀 불경스럽겠지만, 누워서 가장 편안한 자세로 자신만의 멜로디를 찾아보세요. 제 이야기를 잠깐 해 볼게요. 학창시절 엄청나게 낮은 저음으로만 말하고 다녔죠. "야, 목소리 깔지마"라는 말 많이 들었습니다. 목소리로 따지면 지금보다 더 좋았

다고 학교 방송국 친구들은 증언하더군요. 하지만 너무 낮거나 높은 음은 방송하기에 적당하지 않았어요. 그래서 적당히 높은 톤으로 올려서 연습했죠. 지금은 어떠냐고요? 완전 자유자재로 상황에 맞게 오르내릴 수 있답니다. 제가 그 어렵다는 목소리 천재가 되었거든요. 기도합시다. 겸손해지게 해 주세요. 아니, 주기도문 읽어 봅시다. 없던 종교가 생길 수도 있고 없던 신앙심이 자라서 종교에 귀의할 수도 있고 일거양득이네요.

Q21 어떤 문장을 읽어도, 내용은 다른데 자꾸 같은 방식으로 읽게 돼요. 그래서 낭독에 흥미가 떨어집니다. 방법이 있을까요?

A 유치원 다닐 때 생각나세요? 선생님이 "참새"하면 "짹짹" 답하고 "오리"하면 "꽥꽥" 답하던 기억 말입니다. 모든 말에 이런 단조로운 멜로디를 입혀서 읽는다고 생각해 보세요. 답답하고 지루하고 재미없을 겁니다. 하나의 음으로만 만들어진 음악이 재미있을까요? 물론 그레고리안 성가처럼 몇 개의 음으로만 만들어 내용에 집중하게 한 음악도 있지만 그건 성가라는 특수성이 있기 때문이겠죠. 마찬가지로 한두 개의 음만으로 모든 텍스트를 읽는다면 어떨까요. 아마 로봇 목소리나 ARS 자동응답서비스 느낌이

날 거예요. 사람들은 그런 낭독을 듣고 싶진 않겠죠. "국어책 읽냐?"라는 말 있죠. 자연스럽지 않다는 뜻으로 쓰입니다. 이상한 말의 가락에 글을 가두어서 읽게 되는데 이것을 '조調'라고 합니다. 신입 아나운서들도 그런 지적을 많이 받아요. 클래식 음악도 코드 진행이나 도입부, 종결부의 멜로디에 상투적인 습관이 있습니다. 시대마다 작곡가마다 조금씩 다르기도 하지만요. 우리가 다양한 세계 언어를 듣고 어느 나라 말인지 구분할 수 있는 가장 큰 이유 중 하나가 어조, 즉 언어마다 특유의 멜로디가 있기 때문입니다. 성대모사를 잘하는 개그맨들이 포착한 것은 언어 특유의 '조'입니다. 조금 차이가 있지만 우리가 모차르트Mozart풍의 음악과 바흐Bach풍의 음악을 구분하는 것도 비슷한 이치입니다.

아나운서나 성우들도 '조'가 있습니다. 하지만 다양한 '조'를 가지고 변주하는 것이죠. 오래되면 개성으로 여겨지기도 하고요. '조'는 텍스트를 읽는 멜로디의 패턴인 셈인데 다양한 패턴을 가지고 있는 사람은 지루하게 들리지 않을 겁니다. 일반인은 보통 패턴 A와 변주되는 A′ 정도로 모든 문장을 읽으니 재미없는 게 당연한 겁니다. 그래서 앞서 단어들을 가지고 여러 가지의 소리를 만드는 연습을 해보았던 거고요. 그런데 그 다양한 패턴은 생각보다 갖기 힘들어요. 문장의 뜻을 진심으로 새기고 마음으로 읽어야 한다고 말씀드릴 수밖에.

Q22 이 책을 읽으면 낭독에 도움이 될까요?

A 뉴스 기사에서 본 내용인데요. 예일 대학교 심리학과 존 바그John bargh(존 박 아님) 교수가 뉴욕 대학교 학생 30명을 데리고 실험했다고 합니다. 왜 자기 학교 학생들이 아니었는지는 의문이지만 두 그룹으로 나누고 무작위로 구성된 단어를 이용해 문장을 만들어 보라는 과제를 줍니다. A그룹 학생들에게는 노인과 간접적으로 관련된 단어들을 주고 B그룹 학생들에게는 노인과 무관한 단어들을 주었다는데요. 학생들은 언어 구사 능력을 조사하는 것으로 알고 실험에 임했다고 합니다. 그런데 재미있는 것은 실험이 끝나고 연구팀이 엘리베이터가 있는 복도로 안내했는데 A그룹 학생들이 B그룹 학생들보다 평균 15퍼센트 느린 속도로 도착했다는 겁니다. 노인과 관련된 단어였고 노인은 느리다는 무의식이 A그룹 학생들에게 작용해 행동까지 연결된 것이죠. 이것을 유식한 말로 점화효과priming effect라고 합니다. 우리가 읽고 본 것들이 행동에 작은 변화를 가져오는 것을 뜻하는 말이라고 하는데요.

독일의 극작가이자 소설가인 마르틴 발저Martin Walser는 이런 말을 남겼답니다. "우리는 우리가 읽은 것들로부터 만들어진다." 또 한국의 대형 서점 교보문고는 이런 말을 남겼죠. "사람은 책을 만들고 책은 사람을 만든다." 마찬가지로 이 책을 읽는 동안 낭독에 대해 무의식적으로 몸이 작용할 거라고 믿습니다. 적어도 낭독을 바라보는 관점과 태도는 분명 바뀔 겁니다. 이 책은 낭독을 가르치는 것이 아닌, 낭독을 가리키는 손가락일 뿐입니다. 더 중요한 건 낭독에 있죠. 손가락을 보지 말고 달을 보세요. 낭독이 달입니다. 쟁반같이 둥근 달. 여러분이 이 책을 다 본 다음, 실제 낭독을 하면서 읽어 갈 좋은 문구를 통해 마음과 몸이 미묘하게 변화할 거라 믿습니다. 답이 됐을까요?

Q23 이것저것 시키는 대로 따라 해봐도 낭독이 만족스럽지 않아요. 환불해 주세요.

A 독자님, 여기서 이러시면 안 됩니다. 그렇다면 긴급 처방입니다. 목욕탕으로 가서서 읽어 보세요. 좋게 들립니다. 대중목욕탕이면 잡혀가고요. 집 목욕탕입니다. 반신욕을 하면서 글을 읽어 보세요. 아니면 코인 노래방에서 에코 소리를 즐기며 들어 보세요. 무조건 좋게 들립니다.

Q24 낭독의 역사를 2019자로 서술하시오.

A 좋은 질문은 아닙니다만, 책에는 이런 내용이 있어야 제격이죠. 낭독이 언어를 통해 가능한 것이라면, 낭독의 역사는 인류 언어의 역사와 궤를 같이할 겁니다. 언어는 언제 생겨났을까요. 음성언어부터 살펴보겠습니다. 언어의 본령은 소통에 있겠죠. 나 혼자 사는데 언어가 왜 필요하겠습니까. 그렇다면 인류가 협업을 시작하면서부터라고 추측할 수 있습니다. 한 곳에 정착해서 농사도 짓고 농사를 위한 도구도 만들고 공동체 생활을 시작하면서부터일 겁니다. 손짓과 발짓을 하다가 답답해서 몇 개의 소리를 발생시켜 뜻을 전달하기 시작했을 테고요. 시기상 석기시대 정도 되겠죠. 당시 발견된 두개골을 확인해 본 결과 인간의 언어를 담당하는 영역이 발달하기 시작했는데 이 시기와 도구를 처음 사용했던 시기가 일치한다고 하네요. 인류 최초의 언어가 소통을 위해 탄생했다고 단정해도 무리가 없을 것 같습니다.

그렇다면 낭독은 언제 생겼을까요. 낭독은 문자를 읽는 행위이니 문자가 발명된 이후로 시기를 좁혀볼 수 있습니다. 세계사 시간에 인류 4대 문명 발상지 배웠던 기억나시나요? 아, 책 덮지 마세요. 제가 알려드릴게요. 황하 강 유역, 인더스 강 유역, 나일 강 유역, 티그리스 강과 유프라테스 강 유역이죠. 이중 가장 오래된 문명이 기원전 4000년 경부터 인간이 정착한 티그리스와 유프라테스 강 유역의 메소포타미아 문명이라고 합니다. '메소포타미아'라는 단어가 강과 강 사이를 뜻하는 그리스어라고 하는데요. 티그리스 강과 유프라테스 강 사이에 있는 문명이란 뜻이죠. 창세기에 나오는 에덴동산으로 추정하는데, 지금의 이라크 지역에 해당한다고 해요. 이슬람 문화권에서는 이곳을 '섬'이란 뜻으로 '자지라'라고 불렀다고 합니다. 이라크 국영방송 '알 자지라'의 그 '자지라'라네요. 이름 참. 아무튼 여기에서 인류 최초의 도시 문명인 수메르 문명이 탄생하고 '설형문자'가 나옵니다. '설楔'은 쐐기를 뜻하는 한자죠. 갈대로 점토판 같은 데를 긁어서 문자를 기록했다고 해요. 모양을 본떠 만든 '상형문자'였고 수메르어를 기록했다고 합니다. 이때가 기원전 3300년경이었다고 합니다. 안 궁금하겠지만요.

매우 지루하네요. 세계사 수업도 아니고 말이죠. 그런데 말입니다. 우리는 여기서 '설형문자'의 문제점에 주목해 봐야겠습니다. 설형문자는 상중 아니 상형, 즉 모양을 본뜬 뜻글자인 '표의문자'라서 인간의 언어 개수만큼은 있어야 하는데 수천수만 개의 문자라면 그게 그림이지 기록이겠습니까. 다 외울 수도 없고 말이죠. 그래서 모양이 추상화

되고 결국 표음문자로 옮겨가게 됩니다. 낭독은 그 이후에 이루어졌을 테죠. 설형문자로 남은 『길가메시 서사시』라는 것이 있다고 하는데요. 호메로스의 대서사시로 알려진 『일리아드』『오딧세이』보다 1500년이나 앞섰다고 해요. 신의 몸과 인간의 몸이 섞인 '길가메시'의 무용담이 적혀 있다고 하죠. 하지만 이것이 인류 최초의 낭독 텍스트인지는 알 수 없네요. 『일리아드』『오딧세이』도 구전되다 훗날 문자로 정착된 것이라 언제부터 낭독되었는지는 알 수 없는 노릇이고요.

어쨌든 문자가 탄생한 이후에도 고대에는 음성언어가 주류였고 대부분의 내용은 구전으로 전해져 훗날 문자화된 겁니다. 이런 방식이 근대까지 이어지게 되는데 인쇄 공장이 생기고 책을 대량 생산할 수 있는 상황이 되고 나서야 비로소 묵독默讀이 등장하는데요. 인류가 대부분 문맹이던 시절에서 벗어난 지 오래지 않고, 고대 문자는 띄어쓰기도 없으니 소리 내어 읽지 않는 것이 오히려 어려웠던 겁니다. 다시 말해 눈으로만 책을 읽은 기간은 길어야 100여 년인 셈입니다. 그 전엔 모두 암송을 통한 낭독이었던 것이죠. 그러니 환 공포증 같은 본능적 무의식이 유전되듯, 우리에겐 낭독 DNA가 유전되어 이미 몸속에 자리 잡고 있을 겁니다. 잘 찾아보세요. 안 보이겠지만. 결국 낭독은 본능이니 "낭독하고 싶지? 낭독하자"라는 말을 하기 위해서 온갖 자료를 짜깁기해, 잘 알지도 못하는 세계사와 언어의 역사를 풀고, 이렇게 기나긴 긴 이야기를 했습니다. 대서사시 『일리아드』 『오딧세이』도 아닌데 말입니다. 책 손님 다 떨어지겠네.

Q25 정말 위의 글이 2019자 맞는지 확인해 주세요.

A 직접 세어 보시고 확인해 주시는 분 중 한 분을 추첨해 KBS 본관 식권 1매를 드립니다.

Q26 암송하는 것이 낭독에 도움이 될까요?

A 좋은 방법입니다. 체화된 자신만의 텍스트로 남게 됩니다. 하지만 외워서 낭독하는 데만 급급해 낭독의 다른 요소들을 소홀히 할 가능성이 큽니다. 외우되 낭독할 땐 글자를 보고 읽으세요. 외웠다면 자신감도 생기고, 몸에 각인된 문장들이 나도 모르는 사이에 낭독을 풍요롭게 해 줄 겁니다. 단 외웠다는 사실에서 자유로워야 합니다.

Q27 낭독하기 좋은 노래 가사 추천해 주세요.

A 좋은 생각입니다. 저도 가사 낭독을 강력히 추천합니다. 가사란 것이 부르기 편하게 만들었으니 읽기 좋은 건 당

연하겠죠. 가사 낭독의 좋은 점은 스스로 외우고 있다는 겁니다. 외웠다는 건 낭독 스트레스를 줄여 주고, 친밀감으로 인해 낭독에 좋은 영향을 줍니다. 작사의 세계도 정말 오묘합니다. 개정 증보판이 나온다면 자세히 이야기해 보죠.

가사 좋은 노래는 정말 많습니다. 가장 먼저 떠오른 곡은 이소라의 「바람이 분다」입니다. 어느 문예지에서 요조의 「우리는 선처럼 가만히 누워」와 더불어 시인들이 가장 좋아하는 노래 1위로 뽑혔던 적이 있을 만큼 문학성 있는 가사를 얹은 곡입니다. '루시드 폴'의 곡들도 한 편의 시를 연상하게 하고요. 제일 추천하는 건 본인이 끌리는 곡의 가사를 골라 읽는 겁니다. 그 곡의 연주곡 버전을 배경으로 놓고 가사를 읽으면 효과가 더 좋습니다. 끝으로 '에고트립'의 「걷는다」 「몽유도원도」 가사가 정말….

Q28 왜 인간의 목소리를 최고의 악기라고 말하나요? 그냥 비유 아닌가요?

A "인간은 천상의 악기다"라는 말은 막연한 비유처럼 느껴집니다. 음악에서 미분음이라는 것이 있습니다. 우리는 일반적으로 음악에서 12음계를 사용하는데, 음과 음 사이에는 다양한 음들이 존재합니다. 일반적으로 100개의 음으로 나눌 수 있다고 하네요. 어려운 말로 평균율 온음

의 100분의 1을 센티토운centitone이라고 합니다. 일반인들은 인지하기 쉽지 않지만 절대음감을 가진 음악가들은 음과 음 사이의 무수한 음들을 들을 수 있다고 하네요. 고대 그리스에서도 온음을 3개, 4개로 나누어서 악보를 적고 연주했다고 하고요. 동양의 인도나 페르시아 등지에서도 사용되었다고 하죠. 미국 현대 음악의 아버지로 불리는 작곡가 찰스 아이브스Charles Ives, 바흐의 「샤콘Chaconne」을 편곡해 유명한 이탈리아의 페루치오 부조니Ferruccio Busoni, 체코슬로바키아의 작곡가 하바Alois Hába도 미분음으로 작곡했다고 하죠. 왜 이야기가 여기까지 왔을까요? 사람의 목소리는 이런 미분음들을 어렵지 않게 연주할 수 있고, 우리의 말소리와 낭독소리도 모두 미분음으로 이루어진 음악이라는 이야기를 하고 싶었어요.

세계 남성의 평균 음역대는 110hz 여성은 220hz라고 합니다. 2옥타브 '라(A)'와 3옥타브 '라(A)'에 해당하는 소리인데요. 여성이 남성보다 한 옥타브 높은 셈이죠. 좋아하는 힙합 음악의 랩 박자를 잘 따라했는데도 어색하게 들리는 경우가 있죠. 미분음으로 만들어진 멜로디를 놓쳐서 그런 겁니다. 인간의 목소리가 대단한 건 멜로디와 동시에 메시지를 전달할 수 있다는 사실이죠. 두 가지가 동시에 가능한 악기는 존재하지 않습니다. 유일하게 인간만이 가능합니다. 물론 화음은 못 내지만 여럿이 모여 합창이라는 멋진 조합의 연주를 할 수 있습니다. 우리는 모두 고성능 악기 하나씩을 가지고 있습니다. 그러니 우리는 우리를 연주해야 합니다.

Q29 무엇이 좋은 낭독인가요.

A   친구에게 말을 건네듯 하는 낭독. 자연스러운 낭독. 내가 나의 말을 귀담아들으면서 글로부터 심상을 확장하고, 동시에 그것이 음성으로 반영되는 낭독. 잘 읽는 낭독이 아니라 잘 들리게 하는 낭독. 그냥 들리는 것이 아니라 마음으로 들어야 더 잘 들리는 낭독. 내가 사라지고 끝내 소리도 사라지고 텍스트의 의미만 남는 낭독.

인물안궁 프로필
이상협

이름만 대면 잘 모르는, 얼굴을 보면 본 듯도 한, 목소리를 들으면 알 것 같은 KBS 아나운서다. 서울 안암동 태생. 본적은 종로구 연건동 235번지. 웅암동에서 청년기를 보내고 종암동에서 대학생활. KBS 전주 파견 근무 때 살던 동네는 금암동. '암동'으로 끝나는 동네만 보면 고향처럼 느낀다. 5살 땐 엎드려 그림만 그림. 매우 잘 그림. 아버지가 오퍼상인 친구 집에서 레고(LEGO)라는 신세계를 접하고 창의력 폭발. 성장 과정에서 성격의 기복이 심했음. 유치원생 무렵엔 온순. 초등학교 때는 반장이란 권력의 맛을 알게 되면서 설치고 다니다, 선생님에게 '니가 선생이냐'라는 말을 들음. 이후 중·고등학교에선 다시 온순하고 조용히 지냄.

초등학교 4학년부터 중학교 2학년까지 '이지'로 시작하는 이름의 여학생들을 좋아했음. 고등학교 2학년 때 '어떤날'을 처음 듣고 충격에 빠짐. 이후 자신의 전방위적 활동의 8할이 '어떤날'이라고 생각하며 종교처럼 여김. 재수 명문 대성학원을 거쳐 대학 입학. 대학교 1학년 때 중학교 절친에게 기타를 배움. '이정선 기타 교실' 시리즈로 기타 연습. 대학 생활은 학교방송국(KUBS)이 전부임. 학과 후배에게 편입했느냐는 이야기를 듣기도 함. 군대는 특수요원 복무. 용산 우편집중국 공익근무요원. 전쟁 시 적들의 위문편지를 차단하여 사기를 떨어뜨리는 것이 임무였으나 전쟁이 나지 않았음. 우편물 동별 구분 대회 우승으로 포상휴가 받음. '어떤날'의 조동익을 만나고 싶은 나머지 작곡도 배운 적 없이 맘대로 곡을 만들어 제9회 유재하 음악경연대회에 참가. '푸른 새'란 곡으로 동상 수상. 따라 부르기 힘든 곡이라며 김민기 선생은 빵점을 주었다고 함.

그해 IMF가 터져 기념 음반 제작이 무산되는 아픈 경험을 함. 이후, 음악 활동의 재정적 베이스캠프를 만들고자 삼수 끝에 KBS에 입사. 이후 후 첫 싱글 앨범 「봄, 밤」(2010)과 「go trip」(2013)을 발표하며 '에고트립'(egotrip)이란 이름의 인디 뮤지션으로 활동 중이지만 일부 지식층에게만 사랑 받고 있음. 2009년 NHK 한글 강좌에 출연. 최초의 한류 아나운서가 되어 아직까지 일본 팬들에게 '사케' 선물을 받고 있음. 아리가또. 2012년 파업 중 남아도는 시간을 주체 못해 시를 쓰다 『현대문학』 신인상을 받고 시인으로 활동.

2013년엔 자칭 KBS 역작이라 말하는 로드다큐 「석굴암」 프리젠터로 6개월 동안 8개국을 다님. 이때 찍은 만장 가까운 사진들로 라이카(Leica)의 협찬을 받아 사진전 '타임 뮤지엄'(time museum)을 열었다. 1점 팔림. 2014년 「추적 60분」을 진행. 수염을 기르고 방송해 아무도 아나운서인 줄 모름. 아랍의 알자지라 방송 아나운서 외에는 전례를 찾을 수 없음. 2017년 국립국악원 민요 현대어 번역 감수.

같은 해 사내 공모에 당선돼 배창복 아나운서와 함께 팟캐스트 「오디오 진정제」를 시작. 첫날부터 문화예술 분야 1위를 차지하며 선풍적인 인기를 끌게 됨. 한국 아나운서 대상 클럽상 수상. 2018년 다큐멘터리 「원효, 돌아보다」 공동 연출. 5월엔 첫 시집 『사람은 울고 난 얼굴』(민음사) 발간. 9월 다큐멘터리 연출로 '불교언론문화대상' 수상. 이후 진행보다 프로그램 제작에 기웃거리는 중.

📺

추적 60분, 명견만리, 역사저널 그날, 다큐 3일, 야생여정, KBS 스페셜, KBS 글로벌 다큐, 시사기획 창, 2TV 생생정보, 작은 거인, 로드 다큐 석굴암, 원효 돌아보다(공동 연출) 외 다수. 웬만한 KBS 다큐멘터리 더빙은 다 해봄.

KBS 클래식 FM 93.1Mhz의 프로그램 다수 진행. 당신의 밤과 음악, 음악풍경, 밤의 실내악, 밤처럼 고요하게, 음악의 향기, 정다운 가곡. 안 없어지기로 유명한 클래식 FM의 프로그램을 4개나 폐지하고 나옴. 이후, 없애고 싶은 프로그램의 PD들에게 은밀히 연락을 받기도 함. 1R 책 읽는 밤에서 '시가 오는 시간'이라는 현대시 소개 코너를, 2R 옥탑방 라디오 '문학의 밤' 코너를, 2R '밤을 잊은 그대에게'에서는 여행 코너 '여기 보다 어딘가에'를 진행함.

🌐

2010 봄, 밤
2013 go trip
2019 여의도 엘레지―2FM '박은영의 FM 대행진' 가을 노래
        프로젝트 작사 작곡 프로듀싱

📖

2018 첫 시집 『사람은 모두 울고 난 얼굴』(민음사)

내 목소리를 좋아하게 됐다고 말해줄래

ⓒ 이상협, 2019

1판 1쇄 인쇄일 2019년 6월 24일
1판 1쇄 발행일 2019년 7월 15일

지은이 이상협
펴낸이 고우리
편집 박희진 안신영
디자인 안초원 한명훈

펴낸곳 아트앤북
출판등록 제2019-000030호(2019. 4. 15)
주소 서울시 영등포구 국제금융로 8길 19 중앙빌딩 813호
전화 02) 363-8864
전자우편 artn_book@naver.com

ISBN 979-11-967357-7-7 03800

* 잘못된 책은 구입처에서 교환해드립니다.

이 도서의 국립중앙도서관 출판시도서목록(CIP)은 e-CIP홈페이지(http://www.nl.go.kr/ecip)와 국가자료공동목록시스템(http://www.nl.go.kr/kolisnet)에서 이용하실 수 있습니다. (CIP제어번호: CIP2019024147)